AF401589

L'Éducation Morale à l'École
par le Chant

Le Livre du Maitre, volume 18/12^{cm} de
33o pages, cartonné . . . .   1 fr. 60

L'Éducation morale

à l'École par le Chant

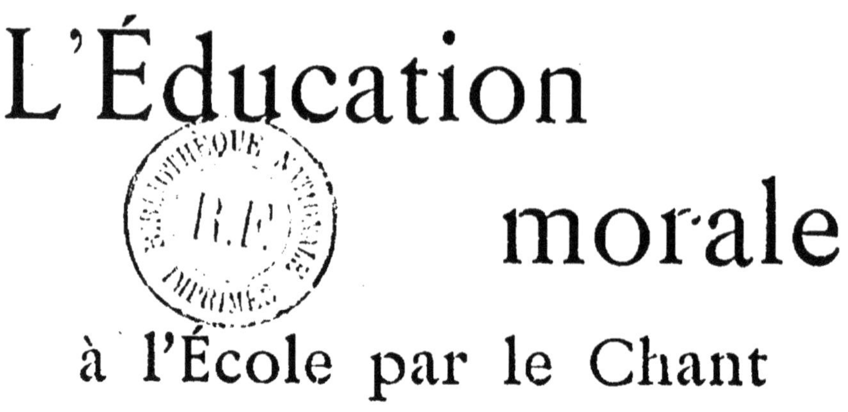

PAR

A. et M. SENTENAC

INSTITUTEUR ET INSTITUTRICE PUBLICS

> « Tu ne sais pas si quelque jour ce ne sera pas un de ces refrains d'enfance appris à l'école qui soutiendra ton fils à l'heure du danger, qui lui rappellera son devoir et le préservera de la défaillance »
>
> Ferdinand BUISSON.

LIVRE DE L'ÉLÈVE
(Cours moyen et Cours supérieur)

PARIS

Librairie Nony et Cie

63, BOULEVARD SAINT-GERMAIN, 63

1903

L'Éducation morale à l'École

CHAPITRE I

LES PRINCIPES GÉNÉRAUX

1re Leçon. — Objet de la morale.

Précepte : *Agis toujours de façon à pouvoir regarder les gens en face.*

Résumé. — La *morale* est la science des bonnes mœurs. Elle a pour but de nous apprendre à connaître nos devoirs et de nous engager à les remplir.

L'homme est le seul être vivant doué de raison et libre de choisir entre le bien et le mal ; il est, par conséquent, responsable de ses actes. C'est ce qui lui donne le caractère de *personne morale* et fait sa supériorité sur les autres êtres. Cette supériorité s'appelle la *dignité humaine.*

Résolutions. — 1. J'écouterai bien les leçons de morale.

2. Je mettrai en pratique les bons conseils et les bons exemples que me donne le maître.

3. Je travaillerai toujours pour devenir meilleur.

Pensées. — Les lectures et pensées morales élargissent les connaissances trop souvent bornées, en ces matières, aux formules d'un précis ; elles raniment l'amour du bien, le goût de la lecture morale, qui manquent à tant de vies modernes et sans lesquels il n'est point de force ni de bonheur.

DUGARD.

La morale ne se borne pas à déterminer la loi générale de la conduite, elle déduit de cette loi les principes qui doivent nous guider dans les différentes circonstances de la vie.

Il ne suffit pas d'être disposé à faire son devoir, il faut le connaître.

GUIZOT.

Bien dire et bien penser ne sont rien sans bien faire.

Chant. — *Conseils* (voir page 13).

Sujet de rédaction. — Parmi les faits historiques que vous connaissez, rappelez les trois qui vous paraissent le plus dignes d'éloges et vous inspirent le plus l'idée du bien.

Problèmes moraux. — Suffit-il de connaître à fond la morale pour être un honnête homme ? — N'y a-t-il pas des gens qui, bien que ne connaissant pas tous leurs devoirs, sont pourtant d'une parfaite honnêteté ? Comment expliquez-vous cela ?

Il y a des personnes qui n'agissent bien qu'en paroles, d'autres dont presque toutes les actions sont basées sur le plaisir, l'intérêt ou la crainte de l'opinion publique, d'autres enfin dont tous les actes reposent exclusivement sur l'obligation morale de faire le bien. De ces différentes façons d'agir, laquelle préférez-vous, et pourquoi ?

Questionnaire. — Qu'est-ce que la morale ? — Que nous apprend-elle ? — Que faut-il entendre par personne morale ? — Par quoi l'homme est-il supérieur aux autres êtres de la nature ? — Comment se nomme cette supériorité ?

2e Leçon. — **La Conscience**.

Précepte : *En toutes circonstances, agis d'après ta conscience.*

Résumé. — La conscience est une faculté de l'homme qui lui fait reconnaître le bien du mal et l'invite à éviter le mal et à faire le bien.

C'est une voix mystérieuse, douce ou sévère suivant que nous avons fait une *bonne action* ou commis une *faute*. Elle nous avertit de ce que nous devons faire ; puis, quand nous avons agi, elle nous juge. Si elle nous approuve, nous ressentons de la joie ; si elle nous blâme, nous éprouvons du remords.

L'éducation de la conscience se fait par l'étude de la morale, les leçons de l'école, les exemples de la famille, de la société et de l'histoire.

L'honnête homme est seul vraiment heureux.

Résolutions. — 1. J'écouterai toujours la voix de ma conscience.

2. Tous les soirs, je ferai mon examen de conscience.

3. Je regretterai sincèrement mes fautes et je chercherai le moyen de les réparer.

4. Je ferai toujours le bien et j'éviterai toujours le mal.

Pensées. — Science sans conscience, c'est la ruine de l'âme.

RABELAIS.

Une conscience pure est le plus doux des oreillers.

LE BAILLY.

Va où tu voudras, tu y trouveras ta conscience.

DIDEROT.

La conscience ne nous trompe jamais; elle est le vrai guide de l'homme.

VINET.

Il faut croire au bien pour pouvoir le faire.

BONALD.

On fait toujours volontiers ce qu'on aime; si vous aimiez le bien, vous le feriez.

VINET.

Il faut faire le bien, parce que c'est le bien.

L. RATISBONNE.

L'homme qui fait le bien pour la récompense qu'il espère, ne la mérite pas.

Chants. — *Le bien* (voir page 14).

L'écho (voir page 15).

Sujets de rédaction. — 1. Parmi les histoires que vous avez pu lire ou entendre raconter, rappelez celle qui vous a le plus inspiré l'horreur du mal.

2. Dans quelle mesure pouvez-vous, dans votre vie d'écolier pratiquer le bien et éviter le mal?

3. Vous avez manqué de respect à votre maître, en présence de tous vos condisciples. Le repentir que vous éprouvez vous engage à lui écrire pour lui faire des excuses et lui communiquer les bonnes résolutions que vous avez prises.

4. L'homme et l'animal. — Qu'est-ce qui caractérise chacun de ces deux êtres ?

5. Résumez la lecture qui vous a été faite à la dernière leçon. Faites-en ressortir la morale.

Problèmes moraux. — Vous venez de dénicher des oiseaux et vous avez le regret d'avoir commis cette mauvaise action. Que ferez-vous ?

Vous avez profité de l'absence de votre maître pour lui prendre quelques plumes. Si vous avez le repentir de votre faute, lui en ferez-vous l'aveu ? Pourquoi ?

Vous avez trouvé une pièce de 5 francs. Qu'allez-vous en faire ?

Questionnaire. — Qu'est-ce que la conscience ? — Que vous commande la conscience ? — Quand éprouvez-vous du remords ? — Quelles résolutions prendrez-vous chaque soir, avant de dormir ?

3ᵉ Leçon. — **La Liberté morale.**

Précepte : *On disait autrefois : noblesse oblige ; il faut dire aujourd'hui : liberté oblige.*

Résumé. — L'homme étant un être raisonnable et libre, il a le pouvoir de choisir entre le bien et le mal. Ce fait est le propre de la *liberté morale.*

Il ne faut pas confondre la liberté morale avec la liberté physique ou corporelle et avec la liberté civile ou politique.

Le tempérament, les habitudes et les passions influent sur la liberté mais ne la suppriment pas, car nous pouvons toujours, quand nous le voulons, dominer l'un et combattre les autres.

Résolutions. — 1. J'userai de ma liberté, mais je n'en abuserai pas en faisant le mal.

2. Je l'emploierai toujours à bien faire.

3. Je réprimerai autant que possible les mauvaises habitudes qui pourraient diminuer ma liberté morale.

Pensées. — Un homme qui n'a pas l'esprit gâté n'a pas besoin qu'on lui prouve son franc arbitre, car il le sent, et il ne sent pas plus clairement qu'il voit ou qu'il vit, ou qu'il raisonne, qu'il ne se sent capable de délibérer ou de choisir.

Nous devons croire à la liberté, parce qu'elle est inséparable du devoir, et que nous sommes tenus moralement de croire au devoir.

C. Secrétan.

Votre liberté s'arrête là où commence celle des autres.

Sujets de rédaction. — 1. Communiquez à un de vos amis, nouvel apprenti à Lyon, les conseils que vous a donnés votre instituteur avant de quitter l'école, dans une conférence dont le sujet était : « Je vous engage, chers enfants, à user de votre liberté, sans jamais en abuser. »

2. La liberté. — Ses causes. — Ses effets.

Problèmes moraux. — Si l'on vous proposait l'échange de votre liberté contre une grande aisance, accepteriez-vous cette offre ?

Deux voies vous sont ouvertes : 1° liberté avec travail quotidien qui vous assurera la vie ; 2° privation de liberté avec richesse et repos. Laquelle suivrez-vous ?

Votre patron vous laisse beaucoup de liberté dans l'accomplissement de votre tâche journalière. Comment disposerez-vous de cette liberté ?

Questionnaire. — Qu'est-ce que la liberté ? — Jouissez-vous de votre liberté physique ? civile ? morale ? — Les hommes ont-ils toujours joui de leur liberté politique ? — Depuis quand en jouissent-ils ? — Dans quels cas votre liberté peut-elle être diminuée ? supprimée ?

4e Leçon. — **La Loi morale ou le Devoir.**

Précepte : *La loi morale oblige, mais ne force pas.*

Résumé. — La loi morale ou le devoir est l'obligation pour tout individu libre et raisonnable de *faire le bien* et *d'éviter le mal.*

La loi morale est *universelle, claire* et *immuable.*

C'est sur la loi morale que les lois écrites ou lois civiles sont basées ; mais la loi morale n'a ni le même but, ni les mêmes effets, ni les mêmes sanctions que les lois civiles.

Résolutions. — 1. J'obéirai ponctuellement à la loi morale et aux lois civiles.

2. Je ferai le bien sans me soucier du qu'en dira-t-on.

3. J'accomplirai mon devoir sans murmurer, quelles que soient les circonstances dans lesquelles je me trouverai.

4. Je ferai mon devoir, non pas dans l'espoir d'obtenir des récompenses, mais parce qu'il est bien de faire son devoir.

Pensées. — Fais ce que dois, advienne que pourra.

Regardez au devoir beaucoup plus qu'au succès.

Le devoir consiste à être utile, non comme on le désire, mais comme on le peut.

Si le devoir était né de l'intérêt, le genre humain aurait été charlatan à son insu.   VINET.

Le devoir est au-dessus de tout : de tous nos intérêts, de tous nos amours.   Jules SIMON.

Le difficile n'est pas de faire son devoir dans les temps d'épreuves civiles, mais de le connaître.

DE MAISTRE.

Sujets de rédaction. — 1. Vous est-il permis, en quelques circonstances que ce soit, de vous affranchir de votre devoir ?
Que devriez-vous faire si vous veniez à faillir au devoir ?

2. Citez, dans l'histoire ou dans la vie journalière, quelques victimes de l'amour du devoir. — Rappelez leurs belles actions, et les impressions qu'elles vous ont produites.

3. Parlez-nous d'un ancien camarade de classe qui, pendant la durée de ses études, s'est distingué dans l'accomplissement de sa tâche.

4. Vous apprenez que votre ancien instituteur vient de succomber à un excès de zèle dans l'exercice de ses fonctions et de dévouement pour sa famille. Vous faites part à un ami de la perte qui vous frappe et des circonstances pénibles dans lesquelles votre ancien maître a trouvé la mort.

Problèmes moraux. — Vous avez l'intention de venir en aide à une personne dont les actes ont été flétris à tort par l'opinion publique. Mais vous savez qu'en lui prêtant votre secours, vous vous attirerez des ennuis et susciterez des haines. Que ferez-vous ?

Un de vos camarades travaille surtout en vue d'obtenir des récompenses ; un autre fait son devoir par plaisir et pour être agréable à ses parents et à ses maîtres. Lequel des deux est le plus louable ?

Dans quel but prend-on part à des œuvres de bienfaisance ?

Vous avez porté secours à une mère de famille qui se trouvait dans une pénible situation. Quelque temps après, elle vous offre comme témoignage de sa reconnaissance des produits de sa petite ferme. Comment et dans quelle mesure devez-vous les accepter ?

Questionnaire. — Qu'est-ce que la loi morale ? — Quels sont les caractères de la loi morale ? — La loi morale vous paraît-elle juste ? — Êtes-vous disposé à obéir à la loi morale ? — Pourquoi ? — Qu'est-ce qui distingue la loi morale des lois civiles ?

5e Leçon. — La Responsabilité.

Précepte : *L'homme est responsable de ses actes.*

Résumé. — Quand nous avons mal agi, on peut nous demander : « Pourquoi avez-vous fait le mal, puisque vous aviez le devoir et la liberté de faire le bien ? »

C'est ce qu'on appelle la *responsabilité*.

Elle découle à la fois du devoir et de la liberté.

Pour être responsable, il faut avoir la notion d'une règle, la raison, la conscience, et la liberté d'action.

Nous nous sentons responsables : après avoir agi, nous éprouvons du plaisir (*satisfaction morale*) si nous avons bien fait, et du *repentir* ou du *remords* si nous avons mal fait.

D'après Ch. Dupuy.

Résolutions. — 1. Je n'engagerai jamais ma responsabilité pour satisfaire à de mauvais penchants (paresse, orgueil, etc.).

2. Je suis responsable du temps que je perds à l'école ; en conséquence, je l'emploierai toujours bien.

3. Je suis en outre responsable des mauvaises actions et des mauvaises paroles que je pourrais, par mon exemple, inspirer à mes camarades plus jeunes. Je m'engage à ne leur donner que de bons exemples et de bons conseils.

4. Plus tard, si j'ai sous mon autorité des apprentis, des domestiques, etc., je serai responsable des actes qu'ils accompliront d'après mes ordres. Je ne leur commanderai que des actions justes et louables.

Pensées. — Le crime fait la honte et non pas l'échafaud.

Le tigre déchire sa proie et dort ; l'homme devient homicide et veille.

CHATEAUBRIAND.

Sujets de rédaction. — 1. De la responsabilité. Citez des cas où la responsabilité est atténuée ; des cas où elle est supprimée.

2. Que pensez-vous des personnes qui ne veulent pas corriger leurs mauvaises habitudes, sous prétexte que « c'est plus fort qu'elles ? »

Problèmes moraux. — Pour satisfaire votre curiosité, vous avez envie, un jour de foire, d'aller visiter les bazars au lieu de vous rendre à l'école comme vos parents vous l'ont bien recommandé. Irez-vous à la foire ou à l'école ?

La patronne de votre sœur lui a laissé pendant quelques jours la direction de la maison et la surveillance des enfants. Pendant ce laps de temps, une occasion s'est offerte, qui aurait permis à votre sœur de prendre part à une charmante partie de plaisir, qui la tentait beaucoup ; mais elle n'a pas voulu abandonner la maison et les enfants qu'on lui avait confiés. Quels sont les motifs qui l'ont fait agir ?

Questionnaire. — Qu'entendez-vous par être responsable ? — Dans quelles conditions faut-il se trouver pour être responsable ? — Dans quels cas la responsabilité est-elle atténuée ? supprimée ? — Devez-vous engager votre responsabilité ? — Dans quels cas pourriez-vous être tenté de le faire ?

LEÇON DE REVISION

La loi morale (*devoir*) : Tu dois faire le bien ; tu dois éviter le mal.

La conscience : Une voix intérieure t'avertit si tu fais bien ou mal.

Liberté morale : Tu as le pouvoir de choisir entre le bien et le mal.

La responsabilité : Tu as à répondre de la façon dont tu agis.

Sanctions morales : Au bien, la récompense (satisfaction morale). Au mal, le châtiment (repentir, remords).

Pensées.

Le bonheur répond à la vertu, comme l'écho répond à notre voix.

Il n'y a qu'une supériorité, c'est celle de la vertu.

Déterminer les règles des mœurs, c'est déterminer celles de la volonté dont les actions elles-mêmes dérivent, c'est déterminer la fin à laquelle la volonté doit tendre, laquelle n'est autre que le bien, que l'honnête.

FERRAZ.

Lecture.

Du remords et de la conscience.

Chaque homme a au milieu du cœur un tribunal où il commence par se juger soi-même, en attendant que l'Arbitre souverain confirme la sentence. Si le vice n'est qu'une conséquence physique de notre organisation, d'où vient cette frayeur qui trouble les jours d'une prospérité coupable ? Pourquoi le remords est-il si terrible, qu'on préfère souvent se soumettre à la pauvreté et à toute la rigueur de la vertu, plutôt que d'acquérir des biens illégitimes ? Pourquoi y a-t-il une voix dans le sang, une parole dans la pierre ? Le tigre déchire sa proie et dort ; l'homme devient homicide et veille. Il cherche les lieux déserts et cependant la solitude l'effraie ; il se traîne autour des tombeaux, et cependant il a peur des tombeaux. Son regard est inquiet et mobile ; il n'ose fixer le mur de la salle du festin (¹), dans la crainte d'y voir des caractères funestes. Tous ses sens semblent devenir meilleurs pour le tourmenter : il voit au milieu de la nuit des lueurs menaçantes ; il est toujours environné de l'odeur du carnage ; il découvre le goût du poison jusque dans les mets qu'il a lui-même apprêtés ; son oreille, d'une étrange subtilité, trouve le bruit où tout le monde trouve le silence ; et en embrassant son ami, il croit sentir sous ses vêtements un poignard caché.

CHATEAUBRIAND.

Récitation.

Le droit chemin.

Oh ! bien loin de la voie
Où marche le pécheur,
Chemine où Dieu t'envoie !
Enfant, garde ta joie !
Lis, garde ta blancheur.

(¹) Allusion au festin de Balthazar.

> Sois humble ! que t'importe
> Le riche et le puissant ?
> Un souffle les emporte,
> La force la plus forte,
> C'est un cœur innocent !
>
> Bien souvent Dieu repousse
> Du pied les hautes tours,
> Mais dans le nid de mousse,
> Où chante une voix douce,
> Il regarde toujours !
>
> Reste à la solitude !
> Reste à la pauvreté !
> Vis sans inquiétude
> Et ne te fais étude
> Que de l'Éternité.
>
> Victor Hugo.

Sujets de rédaction.

1. Parmi les personnes de votre connaissance, citez-en plusieurs qui se soient particulièrement distinguées dans l'accomplissement du devoir. Qu'ont-elles fait de remarquable ?

2. Une de vos sœurs, institutrice, vient de vous remettre pour vos étrennes un beau livre de morale. Manifestez votre joie, et faites connaître le bon usage que vous pensez faire de ce cadeau.

CONSEILS (¹)

Paroles de ARRENAUD.   Air populaire.

1.

Sois levé matin,
Levé de grand matin,
Profit du jour ou but lointain
C'est l'intérêt le plus certain,
Sois levé matin.

2.

Cherche le savoir,
Augmente ton savoir
Pour l'avenir qu'il faut prévoir,
De tout enfant c'est le devoir.
Cherche le savoir.

3.

Sois un travailleur,
Sois fort et travailleur.
C'est un trésor que le labeur,
Dans les revers c'est le meilleur.
Sois un travailleur.

4.

Sois brillant d'honneur,
Brillant de tout honneur.
L'on n'a jamais de vrai bonheur
Sans les vertus d'un noble cœur.
Sois brillant d'honneur.

5.

Sois un bon Français,
Sois un vaillant Français.
Que chaque jour soit un progrès.
Pour notre gloire et nos succès :
Sois un bon Français.

(¹) DANHAUSER, *Chants pour les écoles.* Hachette, édit.

LE BIEN

Paroles de PONSARD.

Musique de MOZART

La vertu qui n'est pas d'un facile exercice,
C'est la persévérance après le sacrifice ;
C'est, quand le premier feu s'est lentement éteint,
La résolution qui survit à l'instinct.

L'ÉCHO (¹)

Paroles de ARRENAUD.   Musique de MENDELSSOHN.

1.

Au fond des bois,
Quand de nos voix
S'élance un chant sonore,
Des sons, aux jeux
Mystérieux,
La font vibrer encore (*bis*).
L'écho, lançant
Le même accent,
Redit le chant.

2.

A nos discours
L'écho toujours
Paraît prêter l'oreille.
Tantôt grondeur,
Tantôt rieur,
Il nous rend la pareille (*bis*).
Soit fort, soit doux,
L'écho jaloux
Est tel que nous.

3.

Tout bas, parfois
D'une autre voix
L'écho remplit notre âme.
Au mal prochain
Il met un frein ;
Du bien il a la flamme (*bis*).
Ardent veilleur
Dont la rigueur
Nous rend meilleur (²).

(¹) DANHAUSER, *Chants pour les écoles.* Hachette, édit.
(²) La conscience.

CHAPITRE II

LA FAMILLE

6ᵉ Leçon. — **Historique de la Famille.**

Précepte : *Quand on n'est ensemble qu'un seul cœur, cela, c'est la famille.*

E. BERSOT.

Résumé. — La *famille* est la réunion du père, de la mère, des enfants et des grands-parents. Les membres dont se compose la famille sont unis par les *liens du sang* et par une *affection mutuelle* très vive.

La famille assure à l'enfant les soins attentifs que sa faiblesse réclame ; aux grandes personnes, l'aide et l'affection dont on a besoin à tout âge ; aux vieillards, le repos et la tranquillité.

Dans l'antiquité, chez les Grecs, chez les Romains, l'*autorité paternelle* était absolue ; le père avait droit de vie et de mort sur ses enfants. Chez nos aïeux, beaucoup d'*arbitraire* et d'*injustice* (*droit d'aînesse*) régnaient encore dans la famille. On trouve à la base de la famille d'aujourd'hui l'*égalité* et la *justice*.

Résolutions. — 1. J'aurai pour tous les membres de ma famille une vive affection.

2. Je suivrai les bons conseils de mes parents ; j'accepterai leur douce protection et leurs salutaires observations.

3. Je goûterai les charmes de la vie de famille, qui sont les plus sains et les plus durables.

Pensées. — On ne fait pas un concert avec un seul son.

ARISTOTE.

L'esprit de famille fait la force, la stabilité et la dignité des familles.

M. L. BAUTANI.

L'abus le plus commun de l'esprit de famille est la partialité pour les siens contre l'équité et au mépris des droits d'autrui.

M. L. BAUTANI.

Chant. — *Ressemblance* (voir page 35).

Sujets de rédaction. — 1. Vous êtes sur le point de quitter votre famille pour aller occuper un emploi à Paris. Vous écrivez à votre ancien maître pour le prier de vous donner quelques conseils, et dans votre lettre vous lui exprimez le regret que vous avez de quitter les vôtres.

2. Dépeindre à l'aide d'exemples les joies de la vie de famille.

Problèmes moraux. — Vous avez à choisir entre les deux situations suivantes : rester auprès de votre père âgé qui ne peut compter que sur vous pour diriger une exploitation commerciale ; — ou aller occuper un emploi plus agréable dans une grande ville. Quel choix ferez-vous ? Motivez ce choix.

A la suite de la mort d'un membre de votre famille, vous êtes sur le point de vous brouiller avec votre père, ou obligé de lui faire abandon d'une somme assez importante. Votre position de fortune ne vous permet pas de faire cette perte d'argent sans un coûteux sacrifice. Quelle détermination prendrez-vous ? Quels sentiments vous engageront à la prendre ?

Questionnaire. — Qu'est-ce que la famille ? — Quels sont les bienfaits de la famille ? — Sur quoi la famille d'aujourd'hui est-elle fondée ? — Faites la différence entre la famille d'aujourd'hui et la famille telle qu'elle existait chez les Grecs, les Romains et nos ancêtres.

7ᵉ Leçon. — Bienfaits des parents.

Précepte : *Le cœur d'un père et d'une mère est toujours prêt au sacrifice.*

Résumé. — Le petit enfant, frêle et délicat, est l'objet des *soins attentifs* de tous les membres de la famille.

Le *père* travaille pour le nourrir, le vêtir, le faire instruire. Il le *protège* et lui donne de *bons conseils*.

Dès le jeune âge, la *mère* entoure l'enfant de sa *tendresse* et de sa *sollicitude;* pour lui, elle s'impose des *peines* et des *privations*, et son *dévouement maternel* ne connaît point de bornes.

Quelquefois, l'enfant a des frères, des sœurs ou des grands-parents qui secondent le père et la mère dans leur tâche.

Dans la famille, l'enfant recueille de *bons exemples* et se prépare à la vie en société. Plus tard il trouvera toujours au foyer familial des êtres à qui confier ses peines et ses joies.

Résolutions. — 1. Je sais les bienfaits que je dois à la tendre sollicitude de mes parents et je ne les oublierai jamais.

2 Je me dirai souvent à moi-même, comme Louis Pasteur en parlant de ses parents : « O mon père et ma mère!... c'est à vous que je dois tout! »

Pensées. — Ma chère fille,... j'ai mal à *votre* poitrine.

Mᵐᵉ DE SÉVIGNÉ.

Les parents vivent de la vie de leurs enfants, ils souffrent de leurs souffrances, meurent de leur mort.

JANET.

Gâter un enfant, c'est manquer aussi tristement que possible au respect qui est dû à la dignité de sa nature, à l'intérêt que réclament ses destinées et son bonheur.

Mgr DUPANLOUP.

Rien ne rend irritable comme une éducation molle et complaisante.

Chants. — *Souci maternel* (voir page 6).
   L'homme au sable (voir page 37).

Sujets de rédaction. — 1. Racontez, dans une lettre à un ami, ce que vos parents ont fait pour vous; parlez, en particulier, des soins empressés dont votre mère vous a comblé pendant une récente maladie.

2. Votre père est absent de la maison le jour de sa fête. Vous lui écrivez à cette occasion et vous lui dites la reconnaissance que vous lui gardez pour les bienfaits (vous les énumérez) qu'il vous a prodigués jusqu'à ce jour.

Problèmes moraux. — Vous avez un frère plus jeune que vous, un peu chétif, que votre mère soigne avec beaucoup de sollicitude. L'envierez-vous? Comprenez-vous pourquoi le dévouement de la mère est proportionné aux besoins de l'enfant?

Vous avez projeté avec votre camarade Pierre une partie de billes à la sortie de l'école. Mais votre petite sœur souffrante vous a, elle aussi, demandé de venir jouer près d'elle. Que ferez-vous?

Que direz-vous à un de vos camarades qui préfère s'amuser dans la rue après la classe, sous prétexte qu'il s'ennuie à la maison?

Questionnaire. — Où l'enfant peut-il trouver les soins empressés dont il a tant besoin? — Que fait le père pour le bien de ses enfants? — Et la mère? — D'autres membres de la famille ne s'occupent-ils pas aussi du petit enfant? — Comment la famille prépare-t-elle l'enfant à vivre en société?

8e Leçon. — **Devoirs filiaux.**

Précepte : *L'amour filial est le premier et le plus sacré des devoirs.*

Résumé. — L'enfant doit à ses parents l'*amour*, l'*obéissance*, le *respect* et la *reconnaissance.*

Il leur témoigne son *amour filial*, sa vive affection par des marques extérieures de tendresse et par son empressement à leur être agréable.

Il est *obéissant* lorsqu'il exécute leurs ordres promptement et sans murmurer. L'obéissance est facile à l'enfant qui aime ses parents.

« L'*obéissance* est une marque de *confiance* et une preuve d'*affection*. »

Résolutions. —1. J'aimerai mes parents de tout mon cœur et leur témoignerai sans cesse mon amour.

2. Comme preuve de mon affection profonde pour eux, j'accomplirai tous mes devoirs filiaux.

3. Je leur obéirai toujours ponctuellement, d'abord pour leur être agréable ; ensuite, parce que ce qu'ils me commandent est dans mon intérêt.

Pensées. — Qui aime bien ses parents, aime bien sa patrie.

Bon fils, bon époux, bon père, bon citoyen.

Dans tout ce qui m'arrive d'heureux ou de triste, ma pensée se tourne vers ma mère. Je crois la voir, l'entendre et lui parler. Quelqu'un dont on se souvient tant n'est pas absent.

LAMARTINE.

Heureux l'homme à qui Dieu donne une sainte mère,
En vain la vie est dure et la mort est amère :
Qui peut douter sur son tombeau ?

Pour apprendre à commander, il faut savoir obéir.

Ce n'est pas obéir qu'obéir lentement.

L'obéissance prompte est une preuve de volonté ferme et non de faiblesse.

L'obéissance aux parents est l'expression la plus vraie de l'amour filial.

Chant. — *Les souhaits de l'enfant.* (voir page 38).

Sujets de rédaction. — 1. Une de vos anciennes compagnes vient de perdre son père. Sa mère, infirme et presque sans ressources, reste seule à la maison avec sa fille. Cette dernière se place comme domestique, pour gagner un salaire qui lui permettra de faire vivre sa mère et de lui prodiguer les soins nécessaires. Faites connaître les sentiments que vous inspire cette belle conduite et les résolutions qu'elle vous engage à prendre.

2. Racontez l'histoire d'un fils qui trouve la mort en soignant sa mère atteinte de la fièvre typhoïde.

Problèmes moraux. — Vous êtes sur le point de savoir votre leçon qu'il vous ennuierait d'apprendre après le dîner. Votre mère, ainsi que toute la famille qui vous attend, vous ordonne de quitter immédiatement votre livre pour aller prendre votre repas. Que ferez-vous ?

Depuis une récente maladie, votre mère perd quelquefois la mémoire. Il lui arrive parfois de vous donner deux ordres contradictoires. Murmurez-vous ? Riez-vous ? Vous abstenez-vous d'obéir, ou lui faites-vous remarquer très poliment qu'elle se trompe ?

Dans un mouvement de vivacité, votre père vous commande un peu brusquement. Lui obéirez-vous sans répliquer ? et vous abstiendrez-vous après de tout commentaire ? Pourquoi ?

Questionnaire. — Quels devoirs avez-vous à remplir envers vos parents ? — Comment leur témoignerez-vous votre amour ? — De quelle manière devez-vous obéir ? — Si la vieillesse ou la maladie rendaient vos parents exigeants, devriez-vous pour cela vous abstenir de les écouter ? — Si vos parents vous demandent quelque service plus souvent qu'ils ne le font à vos frères, est-ce une raison pour ne pas leur obéir ?

9ᵉ Leçon. — **Devoirs filiaux** (*suite*).

Précepte : *Parlons à notre mère avec amour, à notre père avec respect.*

Résumé. — L'amour filial et l'obéissance aux parents entraînent le *respect* et la *reconnaissance*.

Par le *respect*, c'est-à-dire par des marques sincères de *déférence* et de *politesse*, l'enfant reconnait l'*autorité* que ses parents ont sur lui.

Par la *reconnaissance*, il se rappelle les *bienfaits* dont ils l'ont comblé et il en garde le *souvenir* gravé au fond du cœur.

Le bon fils *aide* ses parents dans leurs travaux, les *soigne* en cas de maladie et *subvient à leurs besoins* dans la vieillesse.

Résolutions. — 1. Je serai toujours très respectueux envers mes parents.

2. Je garderai à mon père et à ma mère une reconnaissance profonde pour les bienfaits dont ils me comblent chaque jour.

3. Dans leur vieillesse, je me souviendrai des bons soins qu'ils me prodiguaient quand j'étais enfant, et je m'efforcerai de les rendre heureux à leur tour.

Pensées. — Blâmer son père, c'est se flétrir.

Ma mère, sois bénie entre toutes les femmes.
COPPÉE.

Honorer ses parents, c'est s'honorer soi-même.

Honore ton père de tout ton cœur, et n'oublie jamais les douleurs de ta mère.

Ne traitez jamais avec hauteur votre père humilié, car son humiliation ne ferait pas votre gloire, mais votre confusion.

Celui qui se souvient des bienfaits de ses parents n'a pas le temps de s'occuper de leurs torts.

La reconnaissance est un tribut du cœur.

> ... souvenez-vous
> Que tant qu'on est petit la mère sur vous veille,
> Mais que plus tard on la défend,
> Et qu'elle aura besoin, quand elle sera vieille,
> D'un homme qui soit son enfant.
>
> Victor Hugo.

Dans la vieillesse de vos parents, souvenez-vous de votre enfance.

L'enseignement donné sur les genoux d'une mère ne s'efface jamais de l'âme.

Lamennais.

Recueillez avec respect votre père dans sa vieillesse et ne le contristez pas dans les derniers jours de sa vie ; si le sens vient à lui manquer, respectez-le, et gardez-vous de le mépriser dans votre force.

(Extrait de l'Ancien Testament.)

La piété filiale se compose de respect, de tendresse, de reconnaissance et de dévouement.

Barrau.

Chant. — *Amour filial* (voir page 41).

Sujets de rédaction. — 1. Les parents de votre cousin ont fort à se plaindre du peu de soumission de leur enfant. Écrivez à ce dernier pour l'engager à se montrer plus respectueux et surtout plus obéissant.

2. Votre père, vieux et malade, à la suite de pertes d'argent, va se trouver sans ressources. Qu'allez-vous faire ? (Vous occupez depuis quelques mois un emploi rémunérateur.)

Problèmes moraux. — Un de vos condisciples s'est permis, en votre présence, de critiquer ses parents sur leurs allures gauches et leur manque d'instruction. Que pensez-vous de cette manière d'agir ?

Vos parents ne peuvent plus travailler. Comme ils sont sans ressources, vous proposez à votre frère aîné de leur fournir une pension que vous payerez de moitié avec lui et à époques fixes. Votre frère n'accepte pas cette proposition, sous prétexte que ses parents l'ont contrarié. Vous rangez-vous à son avis ? Intenterez-vous un procès à votre frère pour le contraindre à payer sa part de pension ? ou bien seul, vous efforcerez-vous de venir en aide à vos parents ?

Questionnaire. — Quels sont vos devoirs envers vos parents ? — Comment pouvez-vous leur témoigner votre respect ? votre reconnaissance ? — Que fait le bon fils quand ses parents sont malades ? — quand ils se trouvent dans le besoin ?

10ᵉ Leçon. — Devoirs envers les grands-parents.

Précepte : *Suis les conseils du vieillard ; ce sont ceux de la sagesse et de l'expérience.*

Résumé. — Comme à ses parents, l'enfant doit à son *grand-père* et à sa *grand'mère : l'affection, l'obéissance, le respect* et la *reconnaissance.*

Il les entoure d'*affectueuses attentions,* écoute toujours leurs *conseils,* se montre *indulgent* pour leurs travers de vieillards et s'efforce de rendre *heureuses* leurs dernières années.

Le cas échéant, l'enfant s'efforcera de remplacer auprès d'eux ses parents disparus.

Résolutions. — 1. J'aimerai bien mes grands-parents.

2. Je leur manifesterai chaque jour mon affection par des caresses et je me montrerai prévenant à leur égard.

3. J'aurai pour mes grands-parents un profond respect,

et je m'efforcerai de diminuer leurs heures de souffrance ou de mélancolie par ma tendresse et ma gaîté.

Pensées. — La tendresse des enfants est chère aux vieillards.

Le vieillard a supporté le poids de la vie, il en a traversé les épreuves et les douleurs, il a conquis par ces épreuves mêmes le mérite qui est la récompense de la vertu.

M. CARRAU.

Vénère la vieillesse : c'est l'âge d'or de la vie.

Sujets de rédaction. — 1. Montrez dans quelle mesure une jeune fille affectueuse pour ses grands-parents peut soulager son grand-père infirme.

2. Exposez les raisons pour lesquelles les grands-parents et les aïeux ont droit à tout notre amour et à tous nos égards.

3. Louise, orpheline à l'âge de sept ans, fut recueillie par sa grand'mère. Grâce aux bons soins de son aïeule, Louise put s'instruire et se créer une position. Elle est institutrice depuis deux ans. Mais sa grand'mère vient de perdre la vue subitement et se trouve presque sans ressources. Que feriez-vous à la place de Louise ?

Problèmes moraux. — Votre grand-père infirme aime beaucoup vous entendre lire et chanter. Il vous prie de consacrer quelques minutes de récréation à lui procurer cette agréable distraction. C'est au moment où il vous appelle chaque jour près de lui que deux de vos camarades peuvent venir jouer avec vous. Vous laisserez-vous entraîner par l'attrait du jeu, ou par le désir d'être agréable à votre cher grand-père ?

Un de vos camarades a la facilité de faire un beau voyage pendant les vacances. Mais, d'autre part, il sait qu'une visite et un séjour de quelques semaines auprès de sa grand'mère, qui habite un département voisin, serait un vif plaisir et une grande consolation pour la bonne vieille. Ne sachant quel parti prendre, il vous expose son embarras. Que lui conseillerez-vous ?

Questionnaire. — Quels sont vos devoirs envers vos grands-parents ? — Comment pouvez-vous leur témoigner votre affection ? — Comment leur parlerez-vous ? — Devez-vous supporter leurs moments d'ennui et de mauvaise humeur ? — Pourquoi ? — Quels moyens emploierez-vous pour les distraire et alléger leurs souffrances ?

11ᵉ Leçon. — **Devoirs fraternels**.

Précepte: *L'amitié des frères et sœurs fait le bonheur des parents.*

Résumé. — Les *frères* et les *sœurs* ont mêmes parents, même nom, mêmes affections, mêmes intérêts. Ils doivent s'*aimer*, s'*entr'aider*, se faire des *concessions mutuelles*.

Les plus jeunes *écoutent* les conseils des aînés; ceux-ci *aident* et *protègent* les plus petits; ils ne leur donnent que de *bons conseils* et de *bons exemples*.

L'*amour fraternel* est le complément de l'amour filial; celui qui aime son frère ou sa sœur n'est ni égoïste, ni jaloux.

Résolutions. — 1. J'aurai toujours une grande affection pour mes frères et sœurs et n'oublierai jamais les obligations que m'impose l'amour fraternel.

2. Mon frère aîné sera pour moi le représentant de mon père; ma sœur aînée remplacera ma mère; je suivrai leurs conseils et je les imiterai.

3. Je protégerai mes plus jeunes frères si je suis leur aîné. Je leur donnerai toujours de bons conseils et de bons exemples. Je m'efforcerai d'exercer sur eux une influence bienfaisante.

Pensées. — Le frère qui fait du tort à son frère s'en fait à lui-même.

Un frère aidé par son frère est fort contre l'adversité. Soutiens ton frère qui chancelle.

Victor Hugo.

Oh ! ces deux noms de frère et sœur,
On ne les apprend pas ; ils nous viennent du cœur.

VIOLEAU.

Vous devez au moins à vos frères les égards que vous devez à tous les hommes.

SAINT-LAMBERT.

Sujets de rédaction. — 1. Faites le portrait de votre jeune frère ou de votre petite sœur.

2. Rôle de la sœur aînée dans la famille.

3. Comment pouvez-vous, par vos bons exemples, aider votre mère à faire l'éducation de vos plus jeunes frères ?

4. Votre frère aîné vous a fait ce matin un reproche mérité. Vous avez été tenté de vous plaindre à votre père et vous avez gardé rancune à votre frère toute la journée. Allez-vous reconnaître vos torts ? Quels moyens emploierez-vous pour vous réconcilier avec lui ?

Problèmes moraux. — Votre jeune voisine est orpheline, et en sa qualité de sœur aînée, elle doit pourvoir aux besoins domestiques. Elle aurait l'intention de garder sa sœur cadette âgée de quatorze ans pour la soulager dans son labeur quotidien. Mais la sœur cadette a le goût de l'étude, et l'aînée sait très bien qu'en lui faisant manquer l'école, elle se rend responsable d'un acte qui sera plus tard préjudiciable à sa sœur. Que feriez-vous à la place de la sœur aînée ?

Si vous aviez deux frères, l'un robuste, intelligent et actif ; l'autre chétif et d'esprit lourd, pour lequel des deux auriez-vous le plus d'égards ? Pourquoi ? Quelle différence y aurait-il dans vos rapports avec l'un et avec l'autre ?

Vous venez d'apprendre que votre plus jeune frère a gravement manqué à ses devoirs envers le maître. Comme vous le savez très sensible, vous hésitez à lui faire des remontrances. Obéirez-vous à un sentiment de crainte ? ou poursuivrez-vous l'idée de réprimande ? Quel moyen vous paraît le plus efficace pour le corriger sans trop le blesser ?

Questionnaire. — Quels sont les principaux devoirs fraternels ? — Dans quelle mesure assisteriez-vous vos frères s'ils se trouvaient dans le besoin ? — Doit-on se faire de mutuelles concessions entre frères ? — Pourquoi ? — Que doit faire le frère ou la sœur aînée en l'absence du père ou de la mère ? Après la mort du père ou de la mère ? — Le frère et la sœur aînés doivent-ils abuser de leur pouvoir ?

12ᵉ Leçon. — Devoirs réciproques des maîtres et des serviteurs.

Précepte : *Les bons maîtres font les bons serviteurs et les bons serviteurs les bons maîtres.*

Résumé. — Les domestiques font partie de la famille et, comme tels, ils ont des *devoirs* à remplir envers tous les membres qui la composent.

Les serviteurs doivent *s'acquitter* consciencieusement de la tâche à laquelle ils sont employés, se montrer *polis, complaisants, dévoués,* et ne pas donner de *mauvais exemples* aux enfants de leurs maîtres.

Les *maîtres* doivent parler toujours avec *bonté* à leurs domestiques, leur témoigner de la *confiance* quand ils les en savent dignes, et en toutes circonstances être *justes* envers eux.

Résolutions. — 1. Si, plus tard, j'ai des serviteurs, je ne leur commanderai rien qui puisse porter atteinte à leur liberté et à leur dignité.

2. Je m'efforcerai d'adoucir leur sort par toutes sortes de bonnes paroles et de bons procédés.

Pensées. — Ma famille, c'est tout ce qui vit sous mon toit.

Il n'est pour voir que l'œil du maître.

Les domestiques sont beaucoup ce que les maîtres et les maîtresses les font.

Vous avez traité avec des hommes, vous avez dû compter qu'ils auraient des défauts. Votre indulgence est une condition tacite du traité.

Les bons maîtres sont seuls capables de faire les bons domestiques.

P. LALOI et F. PICAVET.

Exécutez ponctuellement les ordres de vos chefs, et surtout quand ces ordres vous sont donnés avec tous les égards qui vous sont dûs.

Si tu as des maîtres, c'est pour les servir et non pour t'en servir.

Ne fais jamais sauter « l'anse du panier », sous peine de manquer gravement à ton devoir.

Chant. — *Dans une tour obscure* (voir page 43).

Sujets de rédaction. — 1. Comment doit-on commander et traiter les serviteurs ?

2. « Les bons maîtres font les bons serviteurs. »
Justifiez cette pensée à l'aide d'un exemple à votre choix.

3. Une domestique de votre connaissance vient de perdre sa patronne, qui vivait loin de sa famille. Elle ferme soigneusement les chambres et les meubles où se trouvent les objets appartenant à la défunte et s'empresse de porter les clés chez le juge de paix, où elles resteront jusqu'à l'arrivée des parents. Quels sentiments vous inspire cette noble conduite, dont votre mère et vous avez été témoins ?

Problèmes moraux. — A quels maîtres obéit mieux un domestique : à ceux qui lui parlent avec une morgue hautaine ou à ceux qui ordonnent avec douceur ?

Est-il juste de demander à ses domestiques d'avoir toutes les qualités et de ne leur pardonner aucun défaut ? Que pensez-vous de cette pensée du *Barbier de Séville :* « Aux vertus qu'on exige dans un domestique, connaissez-vous beaucoup de maîtres qui fussent dignes d'être valets ? »

Questionnaire. — Quels sont les devoirs des serviteurs envers les maîtres ? — N'y a-t-il pas des devoirs réciproques ? — La façon dont les maîtres comprennent cette réciprocité n'influe-t-elle pas sur la manière de faire de leurs domestiques ? — Quels devoirs plus spéciaux les domestiques doivent-ils avoir à l'égard des enfants ?

LEÇON DE REVISION

———

Résumé. — La famille est une institution naturelle qui se compose du père, de la mère, des enfants, des grands-parents et des serviteurs, quand il y en a.

Devoirs des parents envers leurs enfants : la nourriture, l'entretien, l'éducation.

Devoirs des enfants envers les parents et les grands-parents : l'amour et le respect ; l'obéissance et la reconnaissance ; l'assistance dans le besoin.

Devoirs fraternels : l'affection, l'assistance, les bons conseils et les bons exemples.

Devoirs réciproques des maîtres et des serviteurs :
Devoirs des maîtres : politesse, justice, bonté.
Devoirs des serviteurs : obéissance, travail, dévouement.

Pensées.

La famille complète et perpétue notre être ; elle l'étend dans l'espace et dans la durée.

Janet.

Je ne mourrai pas tout entier : je laisse une famille qui est une partie de moi.

L'amour de la famille est l'unique semence de l'amour de la patrie et de toutes les grandes vertus sociales.

Funck-Brentano.

Lecture.

1. Aux enfants.

Honorez, aimez le père qui vous a transmis sa vie, la mère qui vous a nourris de son lait. Y a-t-il un être plus maudit que celui qui brise le lien d'amour et de respect établi par Dieu même, entre lui et ceux desquels il tient le jour ?

Vous êtes à vos parents un grand sujet de soucis. N'ont-ils pas sans cesse devant les yeux vos besoins de toute sorte, et ne faut-il pas qu'ils se fatiguent sans cesse afin d'y subvenir ? Le jour, ils travaillent pour vous ; et la nuit encore, pendant que vous reposez, souvent ils veillent pour n'avoir pas le lendemain à vous répondre quand vous leur demanderez du pain : « Attendez, il n'y en a pas. »

Si vous ne pouvez maintenant partager leur tâche, efforcez-vous au moins de la leur rendre moins rude, par le soin que vous prendrez de leur complaire et de les aider, selon votre âge, avec une tendresse toute filiale.

Vous manquez d'expérience et de raison : il est donc nécessaire que vous soyez guidés par leur raison et leur expérience ; et ainsi, selon l'ordre naturel et la volonté de Dieu, vous devez leur obéir, prêter à leurs conseils, à leurs enseignements une oreille docile. Les petits mêmes des animaux n'écoutent-ils pas leur père et leur mère, et ne leur obéissent-ils pas à l'instant lorsqu'ils les appellent ou les reprennent, ou les avertissent de ce qui leur nuirait ? Faites par devoir ce qu'ils font par instinct.

Il vient un temps où la vie décline, où le corps s'affaiblit, où les forces s'éteignent ; enfants, vous devez alors à vos vieux parents les soins que vous reçûtes d'eux dans vos premières années.

D'après LAMENNAIS.

2. Le grand frère.

Jacques et Jean sont orphelins, ils ont perdu leur père il y a déjà longtemps. Jacques est l'aîné, il a neuf ans, son frère en a cinq. Ensemble ils vont à l'école ; ils en reviennent ensemble, ils ne se quittent jamais. Jacques porte les livres de son frère, il le tient par la main. S'il a plu et que le ruisseau ait grossi, il prend son petit Jean sur le dos, ses jambes sous les bras, et lui fait passer l'eau. Il ne faut pas qu'on touche à son petit frère, ah ! mais non ! ni qu'on ait l'air de le menacer, car aussitôt Jacques se campe pour le défendre, et comme il est fort courageux, ceux qui l'attaquent n'ont pas beau temps. C'est plus qu'un frère pour Jean, plus qu'un grand frère ; à le voir si vigilant, si complaisant, si sérieux, on comprend qu'il veut remplacer, autant que le permet son âge, celui que leur mère pleure et qui repose sous l'herbe au cimetière ; c'est son ambition.

Vessiot.

(De *l'Éducation à l'École*. Bibliothèque d'éducation, édit.)

Récitation.

1. La carpe et les carpillons.

« Prenez garde, mes fils, côtoyez moins le bord,
　　Suivez le fond de la rivière,
　　Craignez la ligne meurtrière
　　Ou l'épervier plus dangereux encor. »
C'est ainsi que parlait une carpe de Seine
A de jeunes poissons qui l'écoutaient à peine.
C'était au mois d'avril ; les neiges, les glaçons,
Fondus par les zéphirs, descendaient des montagnes,
Le fleuve enflé par eux s'élève à gros bouillons
　　Et déborde dans les campagnes.
　　— « Ah ! ah ! criaient les carpillons,
　　Qu'en dis-tu, carpe radoteuse ?
　　Crains-tu pour nous les hameçons ?
Nous voilà citoyens de la mer orageuse :

Regarde, on ne voit plus que les eaux et le ciel,
    Les arbres sont cachés sous l'onde,
    Nous sommes les maîtres du monde ;
    C'est le déluge universel. »
— « Ne croyez point cela, répond la vieille mère ;
Pour que l'eau se retire, il ne faut qu'un instant :
Ne vous éloignez point ; et, de peur d'accident,
Suivez, suivez toujours le fond de la rivière. »
— « Bah ! disent les poissons, tu répètes toujours
    Mêmes discours.
Adieu, nous allons voir notre nouveau domaine. »
    Parlant ainsi, nos étourdis
    Sortent tous du lit de la Seine
Et s'en vont dans les eaux qui couvrent le pays.
    Qu'arriva-t-il ? les eaux se retirèrent
    Et les carpillons demeurèrent.
    Bientôt ils furent pris
      Et frits.
    Pourquoi quittaient-ils la rivière ?
    Pourquoi ? je le sais trop, hélas !
C'est qu'on se croit toujours plus sage que sa mère,
    C'est qu'on veut sortir de sa sphère.
    C'est que... c'est que... Je n'en finirais pas.

FLORIAN.

2. A ses enfants.

Ah ! comme avec douceur, aux trois quarts du chemin
Mon vieux corps fatigué se coucherait demain ;
Que l'éternel repos aurait pour moi de charmes
Si je vous laissais tous vaillants et tous en armes !
Si de là-bas, dans l'ombre où dorment les aïeux,
Je vous savais aimés, purs, honorés, joyeux !
Si je voyais déjà poindre vos destinées
Dans ce feuillage obscur des premières années ;
Si les fruits grossissants, peints de vives couleurs,
Étaient prêts à tenir les promesses des fleurs !

SENTENAC, *Morale*, É.

3

Mais je pars, le cœur plein de doute et de murmures,
Avant que la vendange et la moisson soient mûres,
Le triste laboureur, loin du champ bien-aimé,
Ne récoltera pas ce qu'il avait semé.
Et qui sait, après lui, si la foudre et la grêle,
Si les chasseurs, foulant ses blés, sa vigne frêle,
Laisseront sur le sol, dans les greniers en feu,
Quelque chose à cueillir ou pour l'homme ou pour Dieu !
Puisse un jour, récoltant l'or de ces jeunes plantes,
Au gré du vieux semeur, bien douces, mais trop lentes,
La patrie hériter de ma chère moisson !
Amis, si vous gardez ma suprême leçon,
Si je vous vois, comblant ma plus haute espérance,
Chérir comme je fais notre mère la France,
Prêts à la bien servir en temps calme ou troublé,
Je puis vivre ou mourir, mais fier, mais consolé.

Victor de LAPRADE.

(*Livre d'un père.* Hetzel, édit.)

Sujets de rédaction.

1. Montrer comment un enfant qui a bon cœur peut témoigner journellement son affection à ses parents.

2. Une mère laisse en mourant deux orphelins en bas âge et une orpheline âgée de quinze ans. Quelle conduite devra tenir cette dernière à l'égard de ses deux jeunes frères ?

3. Raconter l'histoire d'une domestique qui s'est dévouée pour soigner sa patronne atteinte d'une maladie contagieuse.

RESSEMBLANCE

Paroles de J. RAMEAU.   Air populaire.

1.

J'eus un père très doux, il dort sous une pierre ;
J'eus un enfant très rose, il dort dans ce lit-là ;
« Mon fils ! » murmura l'un à son heure dernière ;
« Papa ! » bégaya l'autre aussitôt qu'il parla.

2.

Mon âme en y pensant est heureuse et chagrine ;
Quand il dormait encor au cher lit que voici,
Mon doux père joignait les mains sur sa poitrine ;
Mon fils rose en dormant joint les siennes ainsi.

3.

Mon fils n'a jamais vu mon père dans ce monde ;
L'un descendait des cieux quand l'autre y retournait ;
Mais leurs âmes ont dû se voir une seconde
Dans un nuage doux et rose qui planait.

4.

Et dans cette rencontre, — ô nature, ô mystère ! —
Un peu de l'aïeul mort dut rester dans l'enfant,
Pour qu'en voyant mon fils, moi, je pense à mon père,
Et qu'à la fois je pleure et sourie en rêvant.

SOUCI MATERNEL (¹)

Paroles et Musique de F. COMTE.

1.

Vous me demandez pourquoi sur mon front
S'est creusé ce pli de tristesse amère ?
C'est, petit enfant, qu'un souci profond
Agite toujours votre pauvre mère.

2.

Je voudrais, mon fils, pour votre bonheur
Vous habituer à souffrir sans plainte ;
Vous voir devenir chaque jour meilleur
Et du faux savoir conserver la crainte.

3.

Puissiez-vous rester honnête et loyal !
Détestez le vice et fuyez l'envie,
En toute occasion évitez le mal,
C'est là le secret d'une belle vie.

4.

Vous savez, enfant, pourquoi sur mon front
S'est creusé ce pli de tristesse amère ?
De vous seul dépend qu'un souci profond
Quitte pour toujours votre pauvre mère.

(¹) *Les petits chants des écoliers.* A. COLIN, édit.

L'HOMME AU SABLE (¹)

Musique de Jean RICHEPIN.   Berceuse de « Par le Glaive ».

1.

Chantez, la nuit sera brève.
Il était une fois un vieil homme
[tout noir],
Il avait un manteau fait de rêve,
Un chapeau fait de brume du
[soir].
Chantez, la nuit sera brève.

2.

Chantez, la nuit sera douce,
Le vieil homme tout noir en si-
[lence est venu].
On eût dit qu'il marchait sur la
[mousse]
A pas lents et furtifs et pied nu.
Chantez, la nuit sera douce.

3.

Chantez, la nuit sera belle.
Le vieil homme sourit à l'enfant
[qui s'endort].
Viens fermer sa paupière rebelle,
Sable fin du sommeil, sable d'or.
Chantez, la nuit sera belle.

4.

Chantez, la nuit sera brève,
Le vieil homme tout noir en si-
[lence a passé],
Et voilà sur les ailes du rêve,
Que l'enfant dans l'azur est bercé.
Chantez, la nuit sera brève.

____

(¹) FROMONT, édit.

LES SOUHAITS DE L'ENFANT ([1])

Paroles de M***.   Musique de Mlle THOMAS.

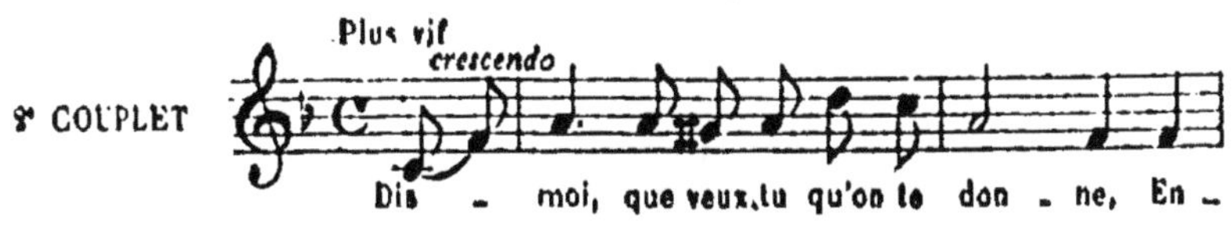

([1]) Ch. BARBÉ, au Puy, édit.

1.

Bons parents, laissez-moi vous dire
Mon si beau rêve du matin.
Le croirez-vous, j'ai vu sourire
Un joli petit chérubin.

Ce chérubin à la voix pure,
Aux yeux d'azur, au front rêveur,
A la brillante chevelure,
Glissait ravissant de splendeur.

Refrain.

Je suis l'ange des étrennes,
Chantait-il sur un air bien doux,
J'ai de grandes corbeilles pleines
De gâteaux, bonbons et joujoux.

2.

Dis-moi, que veux-tu qu'on te donne,
Enfant qui sommeilles encor,
Est-ce un autel? une Madone?
Un livre écrit en lettres d'or?
Quelque jouet? des fleurs vermeilles
Qui ne craignent pas les frimas?
Des oiseaux bleus et des abeilles,
L'étoile d'or qu'on voit là-bas?

3.

Beau séraphin, à petit père,
Verse la joie et le bonheur.
Rends heureuse ma tendre mère,
C'est le plus doux vœu de mon cœur.
Pour tant de soins, pour tant de peines
Que je coûte à mes chers parents,
Donne-leur, ange, pour étrennes,
Le plus aimable des enfants.

AMOUR FILIAL ([1])

Paroles de M. Bouchor.

Air de la Romance de Benjamin (dans *Joseph*, de Méhul).

1.

Toujours, ô mon père, ô ma mère,
Je veux tendrement vous aimer.
Ma mère, oh ! combien tu m'es chère !
Des mots ne sauraient l'exprimer.

([1]) M. Bouchor et J. Tiersot, *Chants populaires pour les écoles.*
Hachette, édit.

Parmi de cruelles alarmes,
C'est toi seule qui m'as nourri ;
Si tu m'as bien des fois souri,
J'ai dû te coûter bien des larmes (*bis*).

2.

Baisers, doux sourires, caresses,
J'en garde un profond souvenir ;
Mais pour de plus graves tendresses
Je veux, chers parents, vous bénir.
C'est vous dont la simple parole
Fit le jour dans mon jeune esprit ;
C'est par vous que mon cœur s'ouvrit
Ainsi qu'une fraîche corolle (*bis*).

3.

Longtemps, ô mon père, ô ma mère,
Soyez mon exemple ici-bas ;
Longtemps vous pourrez, je l'espère,
Veiller tous les deux sur mes pas.
Vous qui protégez ma faiblesse,
Je saurai peut-être à mon tour,
Par mon tendre et pieux amour,
Vous faire une heureuse vieillesse (*bis*).

DANS UNE TOUR OBSCURE

Richard Cœur de Lion.

Opéra de GRÉTRY.

1.

Dans une tour obscure,
Un roi puissant languit.
Le monde entier gémit
De sa triste aventure.
Il est gardé de toute part,
Pauvre captif ! Pauvre Richard !
Mais un ami fidèle
Te cherche, ô noble cœur,
Après peine cruelle,
Reviendra le bonheur.

2.

La fièvre hélas ! dévore
Le fils vaillant des preux.
Adieu les jours heureux,
Les beaux levers d'aurore !
Mais de Blondel, le troubadour,
Le refrain monte vers la tour,
Ton serviteur fidèle
Te cherche, ô noble cœur,
A la peine cruelle
Succède le bonheur !

CHAPITRE III

L'ÉCOLE

______

13e Leçon. — **But de l'école**

Précepte : *L'instruction forme le talent, l'éducation forme le caractère.*   A. Cochin.

Résumé. — **L'école** est comme une seconde famille où les enfants viennent *s'instruire* et compléter l'éducation reçue à la maison paternelle. Le maître qui dirige l'école s'appelle *l'instituteur ;* les enfants qui la fréquentent sont ses *élèves.*

Le *but* de l'école est de *dissiper l'ignorance,* de développer les intelligences, de cultiver les âmes, de *préparer des hommes instruits, honnêtes et utiles.*

Les écoles n'ont pas toujours été ce qu'elles sont aujourd'hui. Autrefois les enfants un peu aisés pouvaient seuls les fréquenter ; il n'y avait pas d'*instruction obligatoire,* et personne n'avait le souci de veiller à ce que les écoles fussent bien éclairées, bien aérées, bien salubres.

En créant partout, même dans les villages les plus isolés, des *écoles primaires gratuites,* la *République* a voulu permettre à tous ses enfants de bien se préparer au « métier d'homme » qu'ils auront à remplir plus tard.

Résolutions. — 1. Je fréquenterai l'école régulièrement et le plus longtemps possible.

2. Je ne perdrai pas mon temps à l'école.

3. J'écouterai les leçons de mon maître et je m'efforcerai de suivre son exemple et ses conseils.

Pensées. — Un des meilleurs moyens de s'instruire, c'est de fréquenter l'école avec assiduité.

Quand vous aurez quitté l'école, vous regretterez le temps précieux que vous y avez perdu.

N'oubliez jamais le chemin de l'école.

L'école fait la guerre à l'ignorance.

LABOULAYE.

Chants. — *L'entrée de l'école* (voir page 66).
L'école (voir page 67).

Sujets de rédaction. — 1. Décrivez l'école que vous fréquentez.

2. L'école d'autrefois. L'école d'aujourd'hui. Comparez-les.

3. Montrez, à l'aide d'exemples, comment et par quels moyens se fait l'éducation physique, intellectuelle et morale à l'école primaire.

Problèmes moraux. — Vous avez eu à l'école une forte contrariété, et vous êtes tenté de ne plus y aller, d'autant plus que plusieurs de vos camarades, ayant eu comme vous treize ans il y a quelques mois, l'ont quittée. Céderez-vous à un sentiment d'amour-propre mal placé ou à la nécessité de vous instruire?

Votre père dispose en ce moment d'un emploi dans sa maison. Deux postulants se présentent pour l'occuper : l'un est très instruit, mais mal élevé ; l'autre, moins instruit, possédant une bonne éducation, est capable de se rendre utile. Sur lequel pensez-vous que se portera le choix de votre père ? Pourquoi ?

Questionnaire. — Qu'est-ce que l'école ? — Quel est le but de l'école ? — Faut-il manquer l'école sans motif valable ? — Pourquoi ? — Que devez-vous faire à l'école ? — L'école d'aujourd'hui ressemble-t-elle à l'école d'avant la Révolution française ?

14e Leçon. — Ignorance et Instruction.

Précepte : *L'instruction est l'ornement du riche et la richesse du pauvre.*

Résumé. — L'ignorant ne sait pas les choses qu'il est indispensable de connaître; il ne cultive pas sa raison; son esprit reste fermé aux nobles pensées.

L'ignorance est une *honte*. Elle est aussi un *grave danger:* elle rend l'homme crédule, fanatique, superstitieux, ennemi de tout ce qui représente le *progrès*.

Dans une *démocratie*, l'*instruction* est le premier des biens. Elle permet au citoyen de mieux gagner sa vie, de s'occuper des affaires publiques, de bien remplir ses devoirs sociaux.

C'est pour cela qu'en France l'instruction est *gratuite* et *obligatoire*.

Résolutions. — 1. Je me promets de profiter de toutes les occasions que j'aurai de m'instruire, même en dehors de l'école, pour ne pas être un ignorant.

2. Je m'efforcerai aussi, dans la mesure de mon savoir, de combattre l'ignorance des autres.

Pensées. — L'ignorance toujours mène à la servitude.

L'ignorance est la plus dangereuse des maladies et la cause de toutes les autres.

On pèche souvent par ignorance.

De la science vient la lumière.   Lamennais.

L'instruction développe les facultés; l'ignorance les paralyse.

La femme est la première éducatrice, mais elle ne peut donner plus d'instruction qu'elle n'en a reçu elle-même, et si elle a reçu des idées fausses, elle les transmet à son enfant.

On façonne les plantes par la culture et les hommes par l'éducation.

J.-J. ROUSSEAU.

Chant. — *Le sou des écoles* (voir page 68).

Sujets de rédaction. — 1. Parlez de la nécessité et des avantages de l'instruction. Montrez qu'à tout âge et dans toutes les conditions, c'est un devoir de s'instruire.

2. Prouvez, par un ou plusieurs exemples, que l'ignorance n'est pas seulement une honte, mais qu'elle est aussi un danger.

3. Faites connaître à un de vos camarades, sous forme de lettre, les raisons pour lesquelles vous allez volontiers à l'école. Parlez des ignorants, et dites dans quelles conditions ils se trouvent au milieu des gens instruits.

Problèmes moraux. — Deux personnes probes et également douées sous le rapport de la bonne volonté s'offrent pour représenter les intérêts d'une autre personne dans une circonstance particulière. La première est presque ignorante; la seconde possède une bonne instruction primaire. Quelle est celle des deux sur laquelle vous croyez que s'arrêtera le choix? Justifiez votre réponse.

Un marchand de bestiaux profite de l'ignorance et de la crédulité d'un acheteur pour lui faire accepter un billet à ordre dont la valeur a été augmentée. Cet abus de confiance aurait-il pu se produire si celui qui en est la victime avait bénéficié de l'instruction donnée à l'école primaire? Pourquoi? — Que pensez-vous de ce marchand et de sa dupe?

Questionnaire. — Quels sont les principaux dangers de l'ignorance? — L'ignorant peut-il, en général, aussi bien que l'homme instruit, vaincre les difficultés de la vie? — Peut-il occuper un emploi, fût-il facile, avec assurance? — L'ignorant est-il capable de toujours bien remplir ses devoirs de citoyen? — Que pensez-vous de celui qui est illettré par sa propre faute? Quels sont les principaux avantages de l'instruction? — Qu'a fait la République pour développer l'instruction en France?

15ᵉ Leçon. — Devoirs de l'écolier envers lui-même.

Précepte : *Sois bon écolier, bon ouvrier, bon citoyen.*

Résumé. — Les principaux devoirs de l'écolier envers lui-même sont : *l'assiduité* à l'école, *l'application* au travail, la *soumission* à la discipline scolaire. Un bon écolier doit encore *prendre soin de ses livres,* de ses *cahiers* et avoir en classe une *tenue d'enfant bien élevé.*

Celui qui n'écoute pas son maître, qui fait *l'école buissonnière,* qui est distrait pendant les leçons, *trompe* ses parents, *compromet* le succès de ses études et *méconnaît* les lourds sacrifices que sa famille et la République s'imposent pour lui.

Résolutions. — 1. Je ferai mon possible pour venir régulièrement à l'école et jamais je ne perdrai mon temps pendant la classe.

2. Je suivrai attentivement les leçons du maître et j'accomplirai soigneusement les tâches diverses qu'il me donnera.

3. Je respecterai la salle de classe et ne détériorerai jamais par plaisir les objets qu'elle renferme et qui servent à m'instruire.

Pensées. — Le premier devoir de l'écolier envers lui-même, c'est de travailler avec ardeur.

L'assiduité à l'école est une condition première de progrès.

Écolier, souviens-toi que le temps perdu ne se rattrape jamais.

Celui-là a le mieux profité de sa leçon qui la pratique, non qui la retient.

Quelques heures d'attention à l'école sont des journées de misère épargnées dans la vie.

BOSSUET.

Commencer, c'est avoir fait la moitié de la besogne.

Écouter est de toutes les manières d'apprendre, celle qui donne le moins de peine.

ANDRIEUX.

Chant. — *Les écoliers en voyage* (voir page 63).

Sujets de rédaction. — 1. Énumérer les principales qualités d'un bon écolier.

2. Un de vos camarades vient d'être reçu premier aux examens du certificat d'études. Ce succès est dû à son assiduité et à son application soutenues. Écrivez-lui pour le féliciter, et faites-lui part des bonnes résolutions que vous avez prises, en apprenant son succès.

Problèmes moraux. — Votre camarade Pierre est un élève intelligent, mais peu laborieux et surtout très bavard ; son cousin Léon est moins intelligent, mais plus silencieux et très appliqué. Lequel des deux, à votre avis, fera le plus de progrès ? Justifiez votre opinion.

Un jour de composition, Louis s'inspire de ses livres pour rédiger son devoir tandis qu'André écrit le sien d'après ses souvenirs. Les devoirs sont à peu près de même valeur. Lequel, d'après vous, mérite d'être classé le premier ?

Jean a fait ce matin l'école buissonnière. Henri lui conseille de dire qu'il a été malade et qu'il est resté à la maison. Que conseilleriez-vous à Jean, et comment sa faute serait-elle aggravée s'il suivait le conseil d'Henri ?

Questionnaire. — Quels sont les devoirs de l'écolier envers lui-même ? — Devez-vous copier vos devoirs ? Justifiez votre réponse. — Pourquoi faut-il garder le silence en classe ? — L'écolier bavard ou paresseux fait-il beaucoup de progrès ? Pourquoi?

16ᵉ Leçon. — Devoirs de l'écolier envers le maître.

Précepte : *Après vos parents, la personne qui vous fait le plus de bien, c'est votre maître.*

Résumé. — *L'instituteur* remplace nos parents, qui ne peuvent pas toujours nous instruire. Il consacre son savoir, son temps, ses forces à la culture de nos âmes, de nos esprits, de nos cœurs. Il mérite donc notre *affection*, notre *reconnaissance*, notre *respect* et notre *soumission*.

C'est donner à notre maître, en échange de ses bienfaits, une preuve de *reconnaissance* que de *bien s'appliquer* à l'école et de lui faciliter la tâche par notre docilité.

Résolutions. — 1. J'obéirai à mon maître avec promptitude et ponctualité.

2. Je serai toujours très respectueux à son égard.

3. Après ma sortie de l'école, je conserverai avec mon maître d'excellentes relations.

Pensées. — Le premier devoir de l'enfant à l'école, c'est d'obéir à son maître et de l'aimer.

Commander, c'est le propre du maître : l'enfant ne doit que demander.

L'enfant raisonneur devient rarement un homme distingué en action.

MARION.

Aimez qui vous reprend.

Les enseignements du maître sont pour l'élève un bienfait.

Sujets de rédaction. — 1. Comment un bon élève peut-il témoigner son affection et sa reconnaissance à son maître ?

2. Comparez l'écolier reconnaissant et l'écolier ingrat. Appréciez la manière d'agir de chacun.

3. *Lettre de condoléances.* Votre ancien maître vient de perdre son fils à la suite d'une longue et cruelle maladie. Exprimez-lui, par lettre, la part que vous prenez à sa douleur.

Problèmes moraux. — Votre sœur cadette Marie a gravement manqué de respect à sa maîtresse, qui en a été fort peinée. Prise de repentir, Marie a envie de se jeter au cou de sa maîtresse et de lui demander pardon. Mais une fausse honte l'empêche de suivre cette impulsion. Elle vous fait part de son indécision ; que lui répondrez-vous ?

Un de vos condisciples prétend qu'il ne doit aucune reconnaissance à son instituteur parce que celui-ci remplit ses fonctions par devoir, moyennant rétribution et non par dévouement désintéressé. Cette opinion est-elle juste et sensée ? La partagez-vous ? Donnez vos raisons.

Questionnaire. — Quels sont les devoirs de l'écolier envers le maître ? — Comment obéirez-vous à votre maître ? — Pourquoi ? — Pouvez-vous lui donner des marques de votre affection ? — Quelles sont ces marques ? — Pouvez-vous lui témoigner de la reconnaissance ? — Comment ? — Quelle sera, après votre sortie de l'école, votre conduite à son égard ?

17e Leçon. — Devoirs de l'écolier envers ses camarades.

Précepte : *Ne donnez jamais à vos camarades que de bons conseils et de bons exemples.*

Résumé. — L'école étant une grande famille, les écoliers s'y traiteront comme des *frères.* Ils seront *affectueux, bienveillants, obligeants* et *polis* les uns pour les autres. Les plus forts devront *protéger* les plus faibles, leur venir en *aide,* leur donner le *bon exemple.* Une confiance *réciproque* régnera entre les élèves d'une même école lorsqu'ils auront appris à se connaître et à s'aimer.

Les liens de *fraternité* et de *solidarité* qui se seront ainsi établis à l'école entre camarades ne s'oublieront jamais.

Résolutions. — 1. J'aimerai bien mes camarades et leur rendrai service chaque fois que je le pourrai.

2. Je donnerai à mes plus jeunes camarades de bons conseils et de bons exemples.

3. Je ne mépriserai pas ceux qui sont malheureux ou infirmes ; j'aurai, au contraire, des attentions particulières pour eux.

Pensées. — Aimez-vous les uns les autres.

Qui fréquente les bons camarades devient meilleur.

Dis-moi qui tu hantes, je te dirai qui tu es.

L'esprit de camaraderie, comme l'esprit de famille, fortifie l'âme et ennoblit le cœur.

Jamais de querelles, même petites, entre camarades.

Soyons unis par l'affection et nous serons heureux.

Les bons camarades ne s'oublient jamais.

La confiance réciproque des camarades éloigne les querelles et les disputes.

Sujets de rédaction. — 1. Faites les portraits d'un bon et d'un mauvais camarade. Comparez-les.

2. Dans quelle mesure le bon camarade peut-il être utile à ses condisciples plus pauvres que lui ?

3. Racontez l'histoire d'un écolier qui se jette à l'eau pour sauver son jeune camarade sur le point de se noyer.

Problèmes moraux. — Votre père a promis de vous emmener avec lui à la sortie de l'école, pour faire une promenade qui vous sourit beaucoup. Le petit Louis, qui demeure dans un hameau voisin, doit s'en retourner seul parce que sa mère souffrante n'a pu venir au-devant de lui. Il vous demande de l'accompagner, car il n'est pas très brave et la nuit vient. Qu'allez-vous faire ?

Un de vos condisciples qui, à plusieurs reprises, a fait preuve en classe d'indiscipline, cherche à vous exciter contre votre maître. Il vous tente même par l'appât d'un objet que vous désirez beaucoup et qu'il a en sa possession. Obéirez-vous au sentiment d'envie éveillé en vous par cette offre, ou refuserez-vous de faire acte d'indiscipline ?

Questionnaire. — Quels sont vos devoirs envers vos camarades ? — Pour les plus jeunes en particulier ? — Devez-vous délaisser vos camarades pauvres, mal habillés ou infirmes ? — Quelle doit être votre conduite à leur égard ? — Faut-il se quereller ? — Quelles conséquences les querelles entraînent-elles ?

18ᵉ Leçon. — Qualités et défauts des écoliers.

Précepte : *A chacun sa responsabilité ; à chacun selon ses actes.*

Résumé. — Il est permis à l'écolier, et c'est même un devoir pour lui, de chercher à égaler et à surpasser ses camarades plus instruits. Ce désir de mieux faire constitue l'*émulation*; c'est une qualité fort recommandable; elle est la condition première du succès.

Mais il ne faut pas que le succès des uns porte ombrage aux autres et provoque la *jalousie*, qui est un bien vilain défaut.

Une autre qualité que doit posséder le bon écolier, c'est la *loyauté*, la *franchise*. Elle exclut l'*hypocrisie*, qui, sous un masque de vertu simulée, cache les vices.

L'écolier qui n'avoue pas ses fautes est un lâche. Mais dénoncer le coupable est une *délation*, un acte mauvais qu'il ne faut pas commettre.

Résolutions. — 1. Je ne jalouserai point les camarades qui font mieux que moi; je chercherai à les imiter et à travailler aussi bien qu'eux.

2. J'avouerai toujours franchement mes fautes, et jamais je ne laisserai punir un camarade à ma place.

3. Dans tous les actes de ma vie d'écolier, je ferai preuve de franchise et de loyauté. J'éviterai comme une honte l'hypocrisie et la délation.

Pensées. — L'émulation est la condition nécessaire et indispensable d'un bon travail.

Sans émulation, pas de progrès possible.

L'envie est le supplice des âmes viles, comme l'émulation est la passion des âmes nobles.

MARMONTEL.

L'hypocrite fait de la vertu métier et marchandise.

Le délateur est un lâche que nul ne peut aimer.

Sujets de rédaction. — 1. L'envie et l'émulation.

2. De l'hypocrisie. — Parmi les animaux domestiques, citez celui qui personnifie le mieux l'hypocrisie. — Faites-en le portrait.

3. La délation. – Ses causes. — Ses effets. — Que pensez-vous du délateur ?

Problèmes moraux. — Vous êtes à la veille d'un congé. Un de vos camarades s'avise de faire une niche à son voisin pendant la classe. L'instituteur, désireux de connaître le coupable, menace tous les élèves d'une retenue. Vous avez vu l'acte du coupable. Le dénoncerez-vous s'il a la lâcheté de ne pas se dénoncer lui-même ? Justifiez cette réponse.

Paul, Jean et Lucien, de même force en dessin, ont pris part à un concours. Paul est arrivé avec le numéro 1, Jean avec le numéro 2, Lucien avec le numéro 5. Jean, froissé de ce résultat, garde rancune à Paul et ne s'applique plus à la leçon de dessin, tandis que Lucien, tout en restant bon camarade, redouble d'ardeur pour arriver à mieux. A quels sentiments Jean et Lucien obéissent-ils ? Lequel agit le mieux ? Motivez votre opinion.

Questionnaire. — L'émulation vous paraît-elle nécessaire à l'école ? — Pourquoi ? — Quelle différence y a-t-il entre l'émulation et la jalousie ? — Quels sont généralement les défauts des écoliers ? — Qu'est-ce que l'envie ? — l'hypocrisie ? — Les envieux peuvent-ils être heureux ? — Qu'est-ce que la délation ? — Doit-on accuser les autres pour s'excuser soi-même ?

19ᵉ Leçon. — **L'éducation après l'école.**

Précepte : *L'éducation ne se termine pas à l'école; elle dure toute la vie.*

Résumé. — Les *connaissances* qu'on acquiert à l'école sont forcément limitées. Elles s'oublieraient peu à peu si on ne s'efforçait de continuer, après l'école, son instruction et son éducation. Ce perfectionnement intellectuel et moral n'est pas incompatible avec le travail journalier : il le facilite au contraire.

La *conversation* avec des personnes instruites, la *lecture* de livres judicieusement choisis, la fréquentation des *cours d'adultes* et des *conférences populaires* permettent au jeune homme de se perfectionner. Elles le préservent des *mauvaises compagnies* et ont souvent le résultat d'améliorer sa situation en le rendant capable d'un *travail meilleur* ou plus rémunérateur.

Résolutions. — 1. Quand j'aurai quitté l'école, je continuerai à m'instruire.

2. J'assisterai aux cours d'adultes, aux conférences populaires, aux réunions d'anciens élèves, aux promenades scolaires.

3. Je lirai de bons livres et demanderai conseil à mon ancien maître pour le choix de ces ouvrages.

Pensées. — L'étude distrait des peines, adoucit les souffrances, diminue les besoins, console des chagrins.

Aimer à lire, c'est faire un échange des heures d'ennui que l'on doit avoir en sa vie, contre des heures délicieuses.

MONTESQUIEU.

Lisez, mais pensez, et ne lisez pas si vous ne voulez pas penser en lisant, et pensez après avoir lu.

SÉNÈQUE.

Un bon livre est celui qui élève l'esprit et qui inspire des sentiments nobles et courageux.

LA BRUYÈRE.

Il vaut mieux lire deux fois un bon ouvrage qu'une fois un mauvais.

J.-B. SAY.

Devrais-tu vivre un siècle, apprends toujours.

Les bonnes lectures, les bonnes fréquentations, l'assiduité aux cours d'adultes sont d'excellents moyens de perfectionnement.

Les cours d'adultes sont un bienfait pour l'adolescent, ils l'éloignent des réunions malsaines et dangereuses.

Les cours d'adultes et réunions scolaires entretiennent l'esprit et fortifient le cœur.

N'oubliez jamais que votre meilleur guide, c'est votre maître.

Sujets de rédaction. — 1. A quels points de vue les conférences populaires et les cours d'adultes vous paraissent-ils utiles ?

2. L'instituteur de votre localité a organisé, pour les longues soirées d'hiver, un cours d'adultes et des conférences populaires auxquels vous assistez régulièrement. Vous écrivez à un de vos amis qui habite la commune voisine, pour lui faire part de tout le plaisir que vous éprouvez en assistant à ces cours du soir et vous l'engagez vivement à se rendre aux conférences qui se font dans son village.

3. Montrez l'utilité des promenades scolaires et des associations d'anciens élèves.

4. Quels sont les avantages des bonnes lectures pour les jeunes gens qui viennent de quitter l'école? Comment ces lectures doivent-elles se faire pour être réellement profitables ?

Problèmes moraux. —Pierre et Jean ont quitté l'école et travaillent tous deux chez le même patron menuisier. La journée terminée, Pierre va au café avec les camarades, Jean va aux cours d'adultes, apprend la comptabilité et le dessin et continue à s'instruire. Au bout de quelques années, le patron veut s'associer un de ses deux ouvriers. Sur lequel son choix se portera-t-il de préférence ?

Pierre et Jean, quelques années plus tard, ont une famille nombreuse. En rentrant de l'école, les enfants leur demandent quelquefois un conseil pour faire les devoirs donnés par le maître. Croyez-vous que Pierre est heureux de ne pouvoir les aider ? Que fait Jean au contraire?

Deux jeunes gens ont des fréquentations très différentes. L'un a noué des relations avec des camarades de son âge qui affichent un genre dégagé, un langage très libre. L'autre, au contraire, sans bannir la gaieté de caractère, préfère les entretiens de personnes sensées et sages, conversations sérieuses qui développent en lui l'amour du vrai et du beau. Lequel de ces deux jeunes gens travaille le plus à son perfectionnement moral ? Pourquoi?

Questionnaire. — L'instruction et l'éducation finissent-elles avec l'école ? — Est-ce un devoir de se perfectionner moralement après l'école ? — Quels sont les moyens de perfectionnement mis à la portée des jeunes gens ? — Quels avantages voyez-vous dans ce complément d'éducation et d'instruction ?

LEÇON DE REVISION

Précepte : *L'école est l'image de la patrie.*

Résumé.

Devoirs de l'écolier

1° Envers lui-même.
a) *Assiduité :* Ne jamais manquer l'école.
b) *Docilité :* Être soumis.
c) *Application :* Faire le mieux possible.
d) *Persévérance* dans l'étude : S'instruire pendant toute la vie (Cours d'adultes, conférences, lectures).

2° Envers son maître.
a) Amour sincère.
b) Respect et politesse.
c) Obéissance prompte et entière.
d) Reconnaissance durable.

3° Envers ses camarades.
a) Affection.
b) Confiance.
c) Aide et protection.
d) Bon exemple.

L'émulation aidera l'écolier dans son travail.
Il ne sera ni envieux, ni hypocrite, ni délateur.

Pensées.

L'instruction est la première des richesses.

L'étude poursuivie avec sincérité élève et purifie le cœur, en même temps qu'elle enrichit et orne l'esprit pour toutes les carrières de la vie.

Ce n'est pas tout que d'acquérir des idées, il importe de les conserver.

J. SIMON.

Rien ne déracine et ne prévient mieux la superstition qu'une instruction solide.

FÉNELON.

Tu seras bon ou mauvais citoyen, selon que tu auras été bon ou mauvais écolier.

L'homme que tu dois le plus respecter après tes parents, c'est ton maître.

> Enfant, crains d'être ingrat, sois soumis, doux, sincère,
> Que celui qui t'instruit te soit un second père.

VOLTAIRE.

Lecture.

1. Influence de l'école.

J'ai vu des enfants de vignerons, des enfants de terrassiers, des enfants de jardiniers, des enfants de bûcherons, je les ai vus revenant de l'école chez leurs parents incultes, avec leur petit bagage de savoir. Qui en profite le plus? Les parents. Le fils écrit pour le père les journées de travail, pour la mère les comptes du ménage; il leur apprend ce qu'il a retenu.

Avec les filles, rentrent le soir à la maison deux vertus de famille trop souvent méconnues chez les gens de campagne : la politesse et la propreté.

Je ne peux jamais voir sans émotion les véritables métamorphoses qui se sont opérées et qui s'opèrent chaque jour

dans notre village, sous l'influence de l'école. Filles et fils
font entrer sous le toit de leurs parents ignorants le\plus
salutaire des plaisirs, le plus doux accompagnement des
veillées d'hiver, la lecture à haute voix. J'ai assisté, moi, à
plus d'une de ces humbles et touchantes scènes; j'ai vu les
pauvres parents groupés autour du petit lecteur; j'ai vu la
physionomie rayonnante des mères, les yeux émerveillés
des pères; je les ai suivis, entrant sur ses pas dans le monde
de l'histoire et de la science, dans la vie des grands hommes,
dans la vie des belles choses.

Où y a-t-il une plus douce image de la vie intérieure?
N'est-ce pas le lien de la famille resserré par l'éducation?

LEGOUVÉ.

2. Un bon maître et de bons écoliers.

Lors de l'incendie d'Altorf, je les (¹) rassemblai autour de
moi et je leur dis : « Altorf est brûlé, peut-être qu'en ce moment
cent enfants sont sans abri, sans pain, sans vêtements ; ne
voulez-vous pas prier votre bon gouvernement qu'il en
reçoive une vingtaine dans cette maison ? » Je vois encore
l'émotion avec laquelle ils me répondirent : « Ah! oui, ah!
mon Dieu, oui ! — Mais, enfants, leur dis-je alors, réfléchissez
bien à ce que vous me demandez. Notre maison (²) n'a pas
autant d'argent que nous le voulons, et il n'est pas sûr qu'à
cause de ces pauvres enfants, on nous en donnera plus qu'à
présent. Vous pourriez donc vous trouver obligés de travailler davantage pour votre entretien, tout en ayant moins
à manger, et peut-être même de partager vos vêtements avec
eux. Ne dites donc pas que vous désirez que ces enfants
viennent, à moins que vous ne soyez disposés à supporter
de bon cœur tout cela pour eux. »

Après leur avoir ainsi parlé avec toute la force dont j'étais

---

(¹) Ses élèves.
(²) L'Institut d'Yverdun (école de Pestalozzi) était entretenu par
le canton de Neuchâtel.

capable, je leur fis répéter à eux-mêmes ce que j'avais dit, pour être bien sûr qu'ils avaient clairement compris quelles seraient les conséquences de leur offre.

Mais ils restèrent fermes dans leur décision et répétèrent : « Oui, oui, quand même nous devrions avoir moins à manger, et travailler davantage, et partager nos habits avec eux, nous serons contents qu'ils viennent. »

Lettre de PESTALOZZI à GESSNER.

3. L'école.

Songe le matin, lorsque tu sors, qu'à la même heure, dans la même ville (¹), trente mille enfants vont, comme toi, s'enfermer trois heures dans une classe pour étudier. Pense encore à tous les enfants qui, presque en même temps, dans tous les pays du monde, vont à l'école. Evoque-les dans ton imagination, s'en allant par les sentiers des campagnes, par les rues des cités animées, sous un ciel ardent ou à travers la neige ; en barque dans les pays traversés de canaux ; à cheval par les grandes plaines ; en traîneau sur la glace ; par les vallées et par les collines, à travers les bois et les torrents, sur les sentiers solitaires tracés dans les montagnes ; seuls, à deux ou par groupes, en longue file, tous avec leurs livres sous le bras, vêtus de mille manières, parlant des langues diverses ; depuis la dernière école de Russie, perdue sous les neiges, jusqu'à la dernière école de l'Arabie, ombragée de palmiers... Millions et millions d'enfants, apprenant tous la même chose sous des formes diverses.

Imagine-toi cette fourmilière d'écoliers de cent peuples différents, l'immense mouvement dont ils font partie, et dis-toi : Si ce mouvement cessait, l'humanité retomberait dans la barbarie ; ce mouvement est le *progrès*, l'espérance, la gloire du monde !

Courage donc, petit soldat de l'armée immense !

EDMONDO DE AMICIS.

(*Grands cœurs*. Delagrave, édit.)

(¹) Turin.

Récitation.

1. Bonheur que procure l'étude.

Quel que soit notre sort, illustre ou sans éclat,
Monarque ou citoyen, guerrier ou magistrat,
Jeune ou vieux, riche ou pauvre, heureux ou misérable,
L'étude, utile à tous, est à tous agréable.
Elle allège les grands du poids de la grandeur ;
Sauve aux riches l'ennui de leur triste bonheur ;
Fait du peuple ou des rois oublier le caprice ;
Tranquillise le cœur qu'irrita l'injustice ;
Console doucement l'homme persécuté,
Des affronts, de l'exil et de la pauvreté.
Hôte aimable des champs, compagne de voyage,
Du cabinet (¹) des rois, de la maison du sage,
Jusque dans les camps même, elle conduit nos pas ;
Catinat (²) et Condé (³) ne la dédaignaient pas ;
Et, voyageur armé pour conquérir la terre,
Alexandre (⁴) en Asie emportait son Homère (⁵).

LEBRUN.

2. Aux enfants de France.

O chers petits amis, vous qui croissez si vite,
Rappelez-vous du moins le rêve des aînés !
Humanité touchante, encor blanche et petite,
Monte ! Deviens très grand, peuple des nouveau-nés !

(¹) Conseil où se traitent les affaires de l'État.
(²) Maréchal de France (1637-1712).
(³) Condé (1621-1686) s'illustra sous le règne de Louis XIV, par les victoires de Rocroi, de Fribourg, de Nordlingen et de Lens.
(⁴) Célèbre conquérant de l'antiquité. Était roi de Macédoine (Grèce).
(⁵) Illustre poète grec de l'antiquité, auteur de l'*Iliade* et de l'*Odyssée*.

Enfants, nous faiblissons ! Venez à la rescousse !
Vos aînés, les vaincus, vous disent en pleurant,
Votre mère, en pleurant, vous dit de sa voix douce :
« Petit peuple français, vite au secours du grand ! »

— « Et comment ? Nous n'avons que nos livres d'école,
Nos cahiers griffonnés, la plume et l'encrier.
— Que faut-il à l'oiseau ? des ailes, pour qu'il vole,
Et que faut-il de plus qu'un livre à l'écolier ?

Peuple des écoliers qu'ennuie un peu son livre,
Rien au monde n'est beau que notre rêve écrit,
Sache-le ! Sache encor que l'alphabet délivre,
Et que la force tombe où veut passer l'esprit.

Sache tenir, s'il faut, un sabre de bataille ;
Mais, studieux le soir, actif dès le matin,
Sache bien qu'un enfant qui veille et qui travaille
Prépare au monde entier sa gloire et son destin.

Jean AICARD.

(*La chanson de l'enfant*. Delagrave, édit.)

3. L'honneur à l'école.

Ne pouvant obtenir l'aveu sincère et prompt
D'un fait grave, impliquant un légitime affront,
Le professeur punit la classe tout entière,
Sachant qu'en pareil cas c'est la seule manière

D'atteindre sûrement le coupable entre tous.
« Qu'il se nomme, dit-il, les autres sont absous ! »
Aucun n'a murmuré contre cette injustice,
Et, comme ils n'aiment pas à faire la police,

Ils gardent le silence, usant avec hauteur
Du droit de n'être pas lâchement délateur ;
Leur muet dévouement grandit et se résigne.

Le coupable honteux en sera-t-il indigne ?
Non, car tout frémissant d'un douloureux émoi,
Très courageux, il dit en se levant : « C'est moi ! »

A. DEWAILLY.

(*Poésies.* Lemerre, édit.)

Sujets de rédaction. — 1. Montrez, par des exemples, qu'une jeune fille a besoin d'instruction, quel que soit le rang qu'elle occupe dans la société.

2. Mettez en parallèle le bon et le mauvais écolier. Parlez de leur tenue, de leur propreté, de leur conduite dans la rue, en classe et dans la cour de l'école.

3. Faites le portrait de l'écolier dont vous pensez conserver le meilleur souvenir.

L'ENTRÉE DE L'ÉCOLE (¹)

Paroles de ARRENAUD. Air populaire.

1.

L'alouette
Monte au ciel,.
Et nous jette
Son appel ;
Le temps vole,
C'est l'instant
Où l'école
Nous attend.

2.

Tous nos livres
Sont rangés,
Et nos vivres
Sont légers.
On s'enlace
Par la main
Et l'on passe
Son chemin.

3.

L'ordre oppose
Au traînard
Porte close,
Sans retard.
Quand vient l'heure,
Plus d'accès,
Et l'on pleure
Sans succès.

4.

Le pas, vite,
Plein d'entrain
On évite
Ce chagrin.
Tout oreilles,
Pour avoir
Les merveilles
Du savoir.

(¹) DANHAUSER, *Chants pour les écoles.* Hachette, édit.

L'ÉCOLE (¹)

Paroles de ARRENAUD.   Musique de H. C. NOEGELI.

<table>
<tr><td>

1.

Naguère on a pu dire :
Hélas ! comment s'instruire ?
C'est un trésor que le savoir :
On le cherchait et sans l'avoir.

2.

Mais, de nos jours, la France
Dit : guerre à l'ignorance !
Plus de regrets, plus de secrets,
Tous ont des droits sur le progrès.

</td><td>

3.

Le livre et la parole,
Ouverts avec l'école,
Tous les bonheurs, tous les hon-
. (neurs.
Seront le prix des grands labeurs.

4.

A l'œuvre, enfants de France,
Comblez son espérance,
Par de hauts faits, par le succès
Qui font grandir le nom Français.

</td></tr>
</table>

____

(¹) DANHAUSER, *Chants pour les écoles.* Hachette, édit.

LE SOU DES ÉCOLES

Paroles de BURION.   Musique de HAYDN.

LES ÉCOLIERS EN VOYAGE (¹)

Paroles de ARRENAUD.   Musique de K. F. ZELTER.

1.

Enfants, à qui l'école
Met comme une auréole,
Les palmes des vainqueurs,
A nous le beau voyage,
Étude pour notre âge,
Et fête pour nos cœurs.

2.

L'été nous abandonne;
Les brises de l'automne
Tempèrent ses ardeurs;
Les plus au front superbe
Et les regains de l'herbe
Nous gardent leurs senteurs.

3.

A nous l'éclat du rire !
Partons, prêts à décrire,
En humbles écrivains,
Les monts, les esplanades,
Les gorges, les cascades,
Les lacs et les ravins.

4.

Suivons l'écho des chasses,
Le cerf marquant ses traces
Aux branches des halliers.
Faisons aimer la France
Et sa splendeur immense,
En dignes écoliers.

(¹) DANHAUSER, *Chants pour les écoles.* Hachette, édit.

CHAPITRE IV

LA PATRIE

20ᵉ Leçon. — **La Société.**

Précepte : *La société est un bien précieux, dont la solidarité fait le charme et la force.*

Résumé. — De même que l'école est en plus grand l'image de la famille, la société est comme une vaste école où tous les hommes doivent s'aimer, se soutenir et concourir au bien commun.

C'est une réunion d'individus en relations constantes les uns avec les autres, s'aidant mutuellement, supportant les mêmes charges et participant aux mêmes avantages.

L'homme n'est pas fait pour la solitude. Il est poussé instinctivement à rechercher la *compagnie de ses semblables* et à vivre avec eux.

S'il était réduit à ses propres forces, il manquerait de tout et mènerait la vie misérable des premiers hommes.

Tous les hommes sont *solidaires ;* chacun est utile à tous, et rien de ce qui intéresse l'humanité ne peut se passer du concours de tous les hommes. Et parce qu'ils appartiennent tous à la grande *famille humaine,* ils doivent se considérer comme *frères* et pratiquer la *fraternité universelle.*

De même que dans la famille les aînés protègent les plus jeunes, ainsi dans la société les plus forts doivent aider les plus faibles, car chacun a son utilité s'il remplit son rôle consciencieusement.

Résolutions. — 1. Je m'efforcerai de remplir un rôle utile dans la société.

2. Je manifesterai en toutes circonstances des sentiments de bienveillance et de cordialité à l'égard de tous mes semblables.

3. Je travaillerai à assurer la solidarité et la fraternité humaines.

Pensées. — L'homme apporte en naissant le besoin inné de vivre en société.

Pour qu'une société puisse exister, il faut que des lois la régissent.

On est plus sociable, et d'un meilleur commerce, par le cœur que par l'esprit.

LA BRUYÈRE.

Nous naissons chargés d'obligations de toutes sortes envers la société.

Auguste COMTE.

L'association ne réunit pas les forces de chacun ; elle les multiplie les unes par les autres.

Léon BOURGEOIS.

Sujets de rédaction. — 1. Racontez à votre manière l'histoire de Robinson dans son île.

2. La vie des premiers hommes. La vie dans la société moderne. Comparez les deux.

3. Mettez en prose la fable de Florian : le boiteux, le bossu et l'aveugle.

Problèmes moraux. — A qui profitent les découvertes scientifiques et les inventions de tous genres ? Ceux qui les font ont-ils exclusivement en vue leur intérêt personnel, celui de la nation à laquelle ils appartiennent, ou songent-ils au bonheur de tous les hommes ?

Vous expliquez-vous pourquoi au fur et à mesure que les premiers hommes ont réalisé des progrès matériels, il y a eu en même temps progrès moral de l'humanité ?

Questionnaire. — Qu'est-ce que la société ? — Sur quelles bases repose la société ? — Qu'est-ce que la fraternité humaine ? — La « loi du plus fort » qui régna en maîtresse chez les premiers hommes est-elle compatible avec les progrès de la civilisation ?

21e Leçon. — Avantages de la vie en société.

Précepte : *Sans société, pas de bien-être possible.*

Résumé. — La société procure à l'homme de grands *avantages*. Elle assure sa *sécurité personnelle*, et, par la division du travail, l'échange des produits, contribue au *bien-être individuel* et à la *prospérité sociale*. Elle favorise en outre les *rapprochements* entre les hommes et met entre eux les doux liens de la *fraternité* et de la *solidarité*.

Elle est une source indiscutable de *progrès*. Les hommes disparaissent, laissant après eux leur tribut de science et d'expérience ; mais, grâce à la société, le fruit de ces efforts individuels n'est pas perdu.

A cette science et à cette expérience personnelles,

d'autres ajouteront le résultat de leur labeur. Ainsi se réalisera le progrès.

Résolutions. — 1. Je profiterai des avantages matériels et moraux que je dois à la société pour développer mes facultés.

2. Je reconnaîtrai ces avantages en m'efforçant, durant ma vie, d'accroître ce dont pourra profiter la génération suivante.

Pensées. — La division du travail répond aux besoins d'existence de chacun.

Le progrès, qui consiste dans l'amélioration matérielle, intellectuelle et morale du plus grand nombre, est notre œuvre, et ne se réalise que par nos efforts.

BOUILLIER.

Les droits des bons, c'est d'être aux méchants fraternels.

Victor Hugo.

Nous ne pouvons pas plus penser seuls que vivre seuls : toutes les intelligences humaines sont solidaires ; à travers le temps, à travers l'espace, elles se prêtent un mutuel appui.

A. Fouillée.

L'homme qui n'entend pas la voix de l'humanité entière, et n'accepte pas la fraternité des esprits, s'exile lui-même de la patrie intellectuelle.

Les choses les meilleures sont celles qu'on peut partager avec tous ; les idées les plus pures sont celles où l'on se réconcilie.

A. Fouillée.

Un concours, un concert, telle est en moi la vie.

Nous devons être tous unis, égaux et solidaires.

La peine et le plaisir courent d'un être à l'autre,
Et le vôtre est le mien, et le mien est le vôtre,
Et je veux que le vôtre à vous tous soit le mien.

M. Guyau.

La liberté et l'égalité sont nos droits, la fraternité est notre devoir.

A. FOUILLÉE.

Sujets de rédaction. — 1. Mettez en prose la fable : L'aveugle et le paralytique. Faites-en ressortir la moralité.

2. Citez un exemple de solidarité dont vous avez été témoin. Quels sentiments vous a-t-il inspirés ?

Problèmes moraux. — Le maître vous a conté l'histoire de Robinson Crusoé jeté par une tempête dans une île déserte. — Croyez-vous que, même éloigné de ses semblables, Robinson ne tirait pas encore des avantages de la société ? Comment ?

«Dans la société, a dit un auteur contemporain, nul ne peut à la longue vivre, prospérer, ni même se perfectionner tout seul; le sort de chacun, au physique comme au moral, est lié au sort de tous.» Montrez l'exactitude de cette affirmation.

Questionnaire. — Quels sont les avantages de la vie en société au point de vue matériel, intellectuel et moral ? — Qu'est-ce que le progrès? — Comment se réalise-t-il ? — Vous expliquez-vous comment chaque homme, en remplissant sa destinée, contribue au progrès social ?

22º Leçon. — La Patrie.

Précepte : *Là où est la France, là est la patrie.*

GAMBETTA.

Résumé. — Le mot *patrie* signifie terre de nos pères.

La patrie est le *sol* sur lequel nous sommes nés et où ont vécu nos pères ; c'est l'ensemble des hommes qui ont même *langue*, mêmes *origines*, mêmes *intérêts*, mêmes *lois*, mêmes *traditions historiques*. Mais cela seul ne fait pas la patrie : l'accord des *volontés* libres des citoyens, la *fraternité*, la *justice* sont nécessaires pour qu'il y ait patrie. Sous un régime d'oppression, la patrie n'est pas, ou du moins elle est réduite à « une simple juxtaposition d'individus »; il y manque une âme.

Résolutions. — 1. J'aimerai ma patrie comme j'aime ma mère.

2. J'étudierai l'histoire de mon pays. J'honorerai ceux de nos aïeux qui ont contribué à la grandeur de la France.

3. Je serai surtout fier des grands Français qui, par leurs recherches, leurs travaux, leurs exemples, ont participé au développement de l'humanité tout entière.

Pensées. — Pour aimer sa patrie, il faut la connaître, étudier son histoire, ses mœurs, son esprit, et son rôle dans l'humanité.

JOUBERT.

Il faut que la patrie soit sentie dans l'école.

MICHELET.

Si je savais être bon écolier, je serais bon patriote.

Il n'y a d'amis, de pères et de frères que dans la patrie : l'exilé partout est seul.

LAMENNAIS.

Chant. — *Ma Normandie* (voir page 97).

Sujets de rédaction. — 1. Qu'est-ce que la patrie ? — Parlez de la maison paternelle, du village natal ; rappelez les souvenirs qui y sont attachés. Dites comment de l'affection pour cette petite patrie locale vous avez passé à l'amour d'une patrie plus grande.

2. Vous éprouvez du plaisir à chaque visite que vous faites au village natal. Croyez-vous que de même on éprouve du plaisir à revoir la France après une absence prolongée ? Donnez vos raisons.

3. Avez-vous une haute idée de notre patrie et êtes-vous fier d'être Français ? Dites pourquoi.

Problèmes moraux. — Pendant la Révolution française, la France, livrée aux divisions intestines, menacée par le soulèvement de la Vendée et la coalition européenne, traversait une période dangereuse : elle fut sauvée par la masse de la nation. Vous expliquez-vous par quel sentiment puissant elle est fièrement sortie de la lutte ? Pourquoi à ce moment l'élan du peuple pouvait-il seul la sauver ?

Les peuples privés de leur indépendance ou arrachés à leur patrie par une nation conquérante (les Polonais, les Irlandais, les Alsaciens-Lorrains, etc.) ont bien conservé l'occupation du sol natal. Croyez-vous qu'on puisse dire cependant que leur patrie ne leur a pas été enlevée ? Dites pourquoi.

Questionnaire. — Donnez le sens étymologique du mot patrie. — De quels éléments est constituée une patrie ? — Que faut-il en plus des conditions premières pour former une patrie ?

<h2 style="text-align:center">23e Leçon. — Le Patriotisme.</h2>

Précepte : *A tous les cœurs bien nés, que la patrie est chère !*

VOLTAIRE.

Résumé. — Le patriotisme est l'amour de la patrie.

« Il y a deux patriotismes. Il y en a un qui se compose de toutes les *haines*, de tous les *préjugés*, de toutes les *antipathies* irraisonnées que les hommes nourrissent les uns contre les autres. Je *déteste* bien, je *méprise* bien, je *hais* bien les nations rivales et voisines de la mienne ; donc je suis bien patriote ! Voilà l'axiome brutal de certains hommes d'aujourd'hui. Vous voyez que ce patriotisme coûte peu : il suffit d'*ignorer*, d'*injurier* et de *haïr*.

« Il en est un autre qui se compose au contraire de toutes les *vérités*, de toutes les *facultés*, de tous les *droits* que les peuples ont en commun, et qui, en chérissant avant tout sa propre patrie, laisse déborder ses sympathies au delà des races, des langues, des frontières... Ce fut celui des hommes de 89... Oui, nos pères de 89 nous montrèrent, en 92, comment ceux qui osaient aimer les hommes savaient mourir pour leur patrie ! »

LAMARTINE.

Résolutions. — 1. De même que l'amour de ma famille ne me fait pas haïr les familles voisines de la mienne, de même mon patriotisme de Français ne me fera jamais haïr la patrie des autres.

2. J'aimerai d'autant plus ma patrie que je la verrai plus généreuse, plus glorieuse, plus juste.

Pensées. — L'amour de la patrie commence avec celui de la famille.

La patrie, c'est la nation qu'il faut aimer, honorer, servir et défendre.

CORMENIN.

L'amour de la patrie conduit à la bonté des mœurs et la bonté des mœurs mène à l'amour de la patrie.

MONTESQUIEU.

Si je savais quelque chose qui me fût utile et qui fût préjudiciable à ma famille, je le rejetterais de mon esprit.

Si je savais quelque chose qui fût utile à ma famille et qui ne le fût pas à ma patrie, je chercherais à l'oublier.

Si je savais quelque chose qui fût utile à ma patrie et qui fût préjudiciable à l'Europe et au genre humain, je le regarderais comme un crime.

MONTESQUIEU.

Les plus grands prodiges de vertu ont été produits par l'amour de la patrie.

J.-J. ROUSSEAU.

Chants. — *La Marseillaise*, par Rouget de Lisle (voir page 98).
Le Chant du départ (voir page 102).

Sujets de rédaction. — 1. L'amour de la patrie. Suivez son développement à travers l'histoire. Citez seulement les noms et les
circonstances qui ont favorisé ce développement.

2. On rappelle surtout deux femmes françaises dont le dévouement pour la patrie fut admirable. Racontez les faits où leur courage et leur patriotisme leur inspirèrent la belle conduite qui les a
rendues célèbres.

3. Le maître vous a lu l'histoire des trois instituteurs de l'Aisne.
Dites ce que vous avez retenu de cette lecture et quels sentiments
elle a éveillés en vous.

Problèmes moraux. — Quel est le meilleur patriotisme : celui d'un homme qui a constamment aux lèvres le mot de patrie, qui se donne comme un des seuls vrais patriotes et ne fait rien pour mériter ce titre, ou celui d'un autre homme qui, sans bruit, sans belles paroles, silencieuse-ment, accomplit son devoir de bon Français ?

Le patriotisme du savant, du poète, de l'artiste, de l'humble ouvrier, qui chaque jour contribuent, dans la mesure de leurs forces, au progrès de l'humanité et à la grandeur de la France, vaut-il moins que le patriotisme du soldat tombé vaillamment pour son pays sur un champ de bataille ?

Questionnaire. — Qu'est-ce que le patriotisme ? — De quel faux sentiment patriotique faut-il se garder ? — De quelle nature est le véritable patriotisme ? — Citez des faits historiques où de bons patriotes ont donné leur vie pour la France.

24e Leçon. — **Bienfaits de la Patrie.**

Précepte: *La patrie donne en proportion de ce qu'elle reçoit.*

Résumé. — L'enfant, d'instinct, *aime* sa mère ; mais il
l'aime davantage encore quand il connaît les *bienfaits*
dont elle l'a comblé. De même, l'amour de la patrie

augmente dans le cœur des hommes qui savent bien ce que nos *ancêtres* ont fait et ce que font nos *contemporains* pour le bonheur de tous.

Il a fallu plus de cinquante générations de Français pour faire notre pays tel que nous le connaissons : *défricher* son *sol* et le cultiver, tracer des *routes*, édifier des *villes*, créer de florissantes *industries*, construire des *chemins de fer*, embellir les *cités*, ouvrir des *écoles* et des *hôpitaux*, assurer à tous la *liberté et l'égalité*. Et il faut encore, pour que cette civilisation se continue, le concours de tous nos concitoyens.

Notre devoir sera de contribuer à cette œuvre à notre tour.

Résolutions. — 1. Je n'oublierai jamais que pendant des siècles nos aïeux ont travaillé, lutté et souffert pour la grandeur et la prospérité de la France.

2. Je garderai une profonde reconnaissance aux écrivains, aux artistes, aux savants et aux soldats illustres dont le mérite et le dévouement ont placé ma patrie au premier rang des nations.

3. Je contribuerai de toutes mes forces et par tous les moyens dont je dispose à maintenir le bon renom de mon pays.

Pensées. — Nous devons à la patrie, qui est la commune mère, tout ce que nous sommes et tout ce que nous avons : notre cœur, nos bras, nos veilles, nos biens et notre vie.

Servez la patrie, car elle vous a servis : vos biens sont ses dons.

Il ne faut jamais oublier les bienfaits de la patrie.

Chant. — *Pour la France* (voir page 106).

Sujets de rédaction. — 1. Énumérez brièvement ce que la patrie fait tous les jours pour ses enfants.

2. Dites pourquoi nous devons de la reconnaissance à la France et aux grands hommes qui l'ont illustrée.

3. Montrez comment : 1° un écolier de votre âge, 2° un citoyen, peuvent manifester leur reconnaissance envers la patrie.

Problèmes moraux. — Votre camarade Pierre prétend que la patrie n'a droit à aucune reconnaissance de notre part puisqu'elle reçoit, grâce à l'impôt, le prix de ses services. Louis, au contraire, affirme que nous lui devons de la gratitude comme à notre mère, car les soins désintéressés de l'une et de l'autre nous sont absolument indispensables. Partagez-vous l'opinion de Pierre ou celle de Louis ? Donnez vos raisons.

Deux petits garçons sortent de l'école après la leçon d'histoire. On a parlé des grands hommes du règne de Louis XIV : écrivains, soldats, artistes, savants. Pierre assure qu'ils ont travaillé pour leur gloire, Jules dit qu'ils avaient en vue le bien général. Laquelle de ces deux opinions partagez-vous ?

Questionnaire. — Quels sont les principaux bienfaits dont nous sommes redevables à la patrie ? — Comment un bon citoyen considère-t-il la France ? — Lui doit-il de la reconnaissance ? — Pourquoi ? — Par quels moyens peut-il la manifester ? — L'ingratitude envers la patrie est-elle bien grave ?

25ᵉ Leçon. — Le respect des lois.

Précepte : *Sans obéissance aux lois, il n'y aurait ni gouvernement ni société possible.*

Résumé. — « Les obligations de chacun envers la société consistent à la *défendre*, à la *servir*, à vivre *soumis aux lois*, et à *respecter* ceux qui en sont les organes.

Nul n'est *bon citoyen* s'il n'est bon fils, bon frère, bon père, bon ami, bon époux.

Nul n'est *homme de bien* s'il n'est franchement et religieusement observateur des lois.

Celui qui *viole* ouvertement les lois se déclare en état de guerre avec la société.

Celui qui, sans enfreindre ouvertement les lois, les élude par ruse ou par adresse, blesse les intérêts de tous ; il se rend indigne de leur bienveillance et de leur estime. » (*Déclaration des droits et des devoirs de l'homme et du citoyen*, de 1795.)

Les lois françaises sont recueillies dans le « Code ».

On doit *obéir* même aux lois qui peuvent nous paraître *injustes* ou mauvaises ; mais chaque citoyen conserve le droit de travailler, par sa parole, par ses écrits, à faire qu'une loi injuste ou mauvaise soit remplacée.

Résolutions. — 1. Je respecterai les lois de mon pays parce qu'elles sont l'expression de la volonté générale de mes concitoyens.

2. Je mépriserai les auteurs de tentatives criminelles contre les lois.

3. Je m'appliquerai à connaître les lois importantes de mon pays. « Nul n'est censé ignorer la loi. » (Article premier du Code).

Pensées. — Pas de lois, pas de société, pas de civilisation.

L'école a ses règles, la France a ses lois ; écoliers, respectez les règles ; citoyens, respectez les lois.

Il faut être puissant pour être respecté.

Le refus d'obéissance aux lois est une tentative de meurtre contre l'ordre social.

C'est une obligation morale d'observer les lois de la société dans laquelle on vit, puisqu'il faut par nécessité et par devoir appartenir à une société, et qu'il n'y en a au-

SENTENAC, *Morale*, E.   6

eune qui puisse subsister, si l'obéissance n'est assurée à
ses lois.

A. Franck.

Sujets de rédaction. — 1. Montrez la nécessité d'un règlement
dans une école, de statuts dans une société, de lois dans un pays.
Qu'arriverait-il si l'on supprimait règlements, statuts et lois ?
L'école, les sociétés et la nation prospéreraient-elles ?

2. Comparez entre elles la loi morale et les lois sociales. En
quoi diffèrent-elles ? Donnez des exemples.

Problèmes moraux. — Dernièrement vous avez entendu le
père Jacques et son voisin Mathieu causer de l'obéissance qu'on doit
aux lois. L'un soutenait que les lois sont mauvaises puisqu'elles
s'opposent à la liberté absolue de l'individu ; l'autre assurait, au
contraire, qu'elles sont nécessaires comme protectrices de nos
libertés et sauvegardes de la société. Discutez ces deux affirmations
et indiquez celle qui vous paraît être la bonne.

Deux touristes reviennent d'une excursion en Suisse. Ils en rapportent
un certain nombre d'objets soumis aux droit d'entrée. L'un
deux propose de ne pas faire de déclaration à la douane afin de
passer les objets en franchise,
mais l'autre s'y oppose prétextant
que sa conscience et ses obligations
de citoyen l'empêchent de
contrevenir aux lois de son pays.
A-t-il raison ? Pourquoi ?

Questionnaire. — A quelles
obligations le citoyen français est-
il astreint ? — Quel nom donne-
t-on, en France, au recueil des
lois ? — Que pensez-vous de celui
qui viole les lois : 1° par ignorance ?
2° volontairement ? —
Devons-nous l'obéissance aux lois
qui nous paraissent injustes ou
mauvaises ? Pourquoi ? — Est-il
permis de critiquer les lois ? —
de chercher à les améliorer quand
elles nous semblent mauvaises ?

26e Leçon. — **Obligation de s'instruire.**

Précepte : *L'instruction et l'éducation sont, après le pain,
le premier besoin du peuple.*

Danton.

Résumé. — En travaillant de son mieux à l'école, l'enfant
remplit son premier devoir envers la patrie.

Il est nécessaire, en effet, que les fils du peuple *s'instruisent*, et cela d'autant plus que, dans une démocratie comme la nôtre, tous les citoyens participent à la direction des affaires publiques. *L'ignorance* dans un pays de suffrage universel serait le pire danger à faire courir à la liberté.

La loi du 28 mars 1882 rend *obligatoire l'instruction primaire*. Les parents sont tenus d'envoyer leurs enfants à l'école de six à treize ans, ou de justifier qu'ils reçoivent dans la famille une instruction suffisante.

Après l'école, le jeune homme devra encore travailler à s'instruire, fréquenter les *œuvres post-scolaires ;* il se préparera ainsi à accomplir son devoir de citoyen conscient.

Résolutions. — 1. C'est mon devoir, et c'est aussi mon intérêt, de bien m'appliquer en classe.

2. Je suis reconnaissant à mon pays du soin qu'il fait apporter à mon instruction et à mon éducation.

3. Après ma sortie de l'école, je fréquenterai les cours d'adultes et les conférences populaires.

Pensées. — L'instruction est la première des richesses.

L'instruction est un bien précieux que tout individu doit chercher à acquérir.

L'ignorance est l'ennemie du progrès.

L'ouvrier instruit a toujours plusieurs cordes à son arc ; si l'une casse, il en remet une toute neuve, et l'arc n'en est pas moins solide.

L'instruction est un point d'appui inébranlable.

Plus tu seras instruit, plus tu aimeras ta patrie.

Sujets de rédaction. — 1. Parlez des dangers de l'ignorance.

2. Pourquoi, dans un pays où fonctionne le suffrage universel, est-il nécessaire que l'instruction soit rendue obligatoire ?

3. Suivez un ignorant dans la vie et montrez les difficultés et les désagréments que lui occasionne son ignorance.

Problèmes moraux. — « Il y a un certain nombre de gens, dit Jules Simon, qui sont persuadés qu'on attente à la liberté du père de famille quand on le contraint à faire apprendre à lire à ses enfants. » Êtes-vous de cet avis et croyez-vous que l'État ait le droit d'intervenir dans les questions d'enseignement ? Justifiez votre opinion.

J'ai connu autrefois deux frères jumeaux d'une vive intelligence. L'un fréquentait régulièrement l'école ; l'autre, malgré la recommandation de ses parents, n'y allait presque jamais. Actuellement le premier occupe un emploi très lucratif, le second est valet de ferme. A quoi tient surtout cette différence de situation ?

Les parents ont-ils, oui ou non, le droit de refuser l'instruction à leurs enfants ? Pourquoi?

Questionnaire. — Qu'est-ce que l'obligation scolaire ? - Dans un pays de suffrage universel, l'instruction est-elle bien nécessaire ? Pourquoi ? — Sur quelles raisons l'État s'est-il basé pour la rendre obligatoire ? — Cette obligation n'est-elle pas une atteinte portée à la liberté du père de famille ? Pourquoi ? — Qu'arrive-t-il aux parents qui s'obstinent, malgré la loi, à ne pas envoyer leurs enfants à l'école ?

27e Leçon. — Le suffrage universel. — Le vote.

Précepte : *En votant, pense aux intérêts du pays plutôt qu'à tes propres intérêts.*

Résumé. — Depuis 1848, la *souveraineté nationale* s'exerce en France par le *suffrage universel* ; les citoyens, sans distinction de fortune, concourent à la confection des lois par des représentants qu'ils choisissent.

Cette délégation de l'autorité de chaque citoyen à un

représentant se fait par le *bulletin de vote*. Voter est un *droit ;* mais c'est en même temps un *devoir.* Il est coupable de négliger l'intérêt public en s'abstenant de voter.

Le vote doit être *libre, désintéressé, honnête.*

Le bon citoyen, au moment de déposer son bulletin dans l'urne, ne se laisse intimider par aucune menace, influencer par aucune promesse ; il accomplit son devoir avec conscience et sincérité.

Résolutions. — 1. Quand je serai électeur, je ne m'abstiendrai jamais de voter ; j'aurai le souvenir de la lutte de nos pères de 1848 pour conquérir le suffrage universel.

2. Je n'estimerai point celui qui vend sa voix pour un verre de vin ou pour une somme d'argent.

3. Je considérerai plus tard comme un de mes plus impérieux devoirs celui de m'intéresser sérieusement à la marche des affaires du pays.

Pensées. — Ne pas voter, c'est vouloir être esclave.

Vendre son vote, c'est vendre sa conscience.

Tous les hommes sont nés libres et égaux en droits.

Le vote n'est pas un commerce ; c'est une obligation morale qu'il faut remplir avec désintéressement.

Quand tu voteras, tu considéreras l'intérêt général de la patrie. Que l'amour du gain ou l'esprit de haine ne t'amènent pas à faillir à ton devoir.

Il faut voter avec discernement.

En temps d'élection, les querelles individuelles ne sont rien, le vote est tout.

Sujets de rédaction. — 1. Le vote. Comment doit-il se faire ? Considérations que chaque électeur doit apporter dans l'accomplissement d'un acte aussi important. Conséquences fâcheuses des votes qui ont l'intérêt personnel ou la vengeance pour mobiles.

2. Vous avez assisté aux dernières élections municipales qui ont eu lieu dans votre commune. Dites ce que vous avez vu et faites connaître les impressions que vous ont produites les allées et venues, les conversations que vous avez entendues.

Problèmes moraux. — Jules, l'épicier de votre village, s'abstient de voter un jour d'élection parce que, dit-il : 1° le candidat n'a pas de concurrent, 2° un seul bulletin manquant ne peut modifier sensiblement le résultat du vote, 3° en se dérangeant pour aller au scrutin, il subirait une perte de temps préjudiciable à son commerce. Que pensez-vous de ce raisonnement ? Est-il sensé ? Pourquoi ?

C'est jour d'élection. Deux frères, Pierre et André, se rendent ensemble à la mairie. Pierre vote pour M. X**, homme riche et ambitieux qui lui a promis des faveurs, et André pour M. Y**, candidat pauvre mais instruit, actif, intelligent, honnête, capable de rendre de grands services à son pays. Lequel de ces deux électeurs a le mieux voté, et pourquoi ?

Questionnaire. — Qu'est-ce que le vote ? — Pourquoi l'exercice du vote est-il à la fois un droit et un devoir ? — Énumérez les principales conditions d'un bon vote. — Que pensez-vous : 1° de celui qui s'abstient de voter ; 2° de la fraude électorale ? — L'électeur sérieux se laisse-t-il gagner par les promesses et intimider par les menaces ? — Pourquoi ?

28° Leçon. — **L'impôt.**

Précepte : *Payer l'impôt n'est pas seulement une obligation imposée par la loi ; c'est un devoir de conscience.*

A. FRANCK.

Résumé. — Il faut de l'argent pour l'entretien des *services publics,* pour subvenir aux besoins et aux intérêts communs des citoyens ; il faut de l'argent pour l'instruction publique, l'armée, la flotte, les travaux publics... L'impôt est la contribution que chaque citoyen verse à l'État pour prendre sa part des charges qui incombent à tous.

L'impôt est aujourd'hui payé par tous les citoyens, et tous les citoyens profitent des avantages que l'État nous donne grâce à lui. Avant la Révolution de 1789, la classe pauvre payait seule des impôts beaucoup plus lourds que ceux d'aujourd'hui et dont elle ne tirait presque pas de profits.

Il est naturel de payer l'impôt : c'est s'acquitter d'une dette envers la caisse publique ; les malhonnêtes gens qui se dérobent à cette obligation par la *fraude* ou la *contrebande* commettent un vol. Ils disent : « voler l'État, ce n'est voler personne ». Mais c'est assurément voler tout le monde.

Résolutions. — 1. Je paierai mes impôts régulièrement et sans récrimination.

2. Si je suis imposé à tort, je produirai mes réclamations conformément aux règlements, sans m'insurger contre la loi.

3. J'éviterai toute fraude, toute contrebande, tout préjudice envers le trésor public, car « voler l'État, c'est voler tout le monde. »

Pensées. — Le bon fonctionnement des services dont l'État est chargé ne pourrait s'accomplir sans les contributions imposées à chaque citoyen.

L'impôt est une dette que chaque citoyen a contractée envers l'État.

On croit trop facilement que tromper l'État ce n'est pas tromper.

Frauder, c'est faire payer à d'autres ce que l'on doit payer soi-même.

Sujets de rédaction. — 1. L'impôt. Montrer à l'aide d'exemples qu'il est nécessaire que chacun paie l'impôt et que l'impôt est juste s'il est proportionné à la fortune de chacun.

2. Pourquoi est-il mauvais de se livrer à la fraude et à la contrebande ? Développer cette pensée : voler l'État, c'est voler tout le monde.

3. A quoi sert l'impôt ? Qu'arriverait-il dans un État si tous les citoyens se refusaient à le payer ?

Problèmes moraux. — Les paysans du moyen âge se plaignaient d'être écrasés d'impôts iniques, levés arbitrairement : ils étaient « taillables et corvéables à merci. » Avaient-ils raison de se plaindre ? Les contribuables d'aujourd'hui peuvent-ils récriminer pour le même motif ? Pourquoi ?

Un commerçant de la ville achète une barrique de vin à un vigneron du village voisin. Il offre au vendeur de partager avec lui les droits de douane et d'octroi si ce dernier parvient à faire entrer le vin dans la ville sans payer la taxe. Que doit faire le vigneron ?

Questionnaire. — Qu'est-ce que l'impôt ? — A quoi sert-il ? — Quel est son principal caractère et comment se fait sa répartition ? — Tout citoyen est-il obligé de payer l'impôt ? Pourquoi ? — La fraude ou la contrebande en matière d'impôt est-elle bien coupable ?

20ᵉ Leçon. — **Le service militaire.**

Précepte : *Tout Français doit le service militaire en personne.* (Loi militaire.)

Résumé. — La *défense du territoire* de la patrie demande une *armée* forte et disciplinée.

Tous les Français âgés de vingt ans sont appelés sous les *drapeaux* pour apprendre le métier de *soldat* et défendre, le cas échéant, la patrie envahie. Le service militaire est dû par tous les citoyens valides *de vingt à quarante-cinq ans*. La durée active du service militaire est de *trois ans ;* il faut ensuite accomplir deux périodes d'instruction de *vingt-huit jours* et une de *treize jours.*

Nous devons respecter dans le *drapeau tricolore* les libertés glorieusement conquises par nos pères de 1789 ; nous devons respecter dans la *Marseillaise* le beau chant national qui guidait, sous la Révolution, nos armées libératrices de peuples.

Le service militaire est dû seulement par les hommes, mais les femmes ont d'autres devoirs à rendre à la patrie. Elles doivent l'aimer, obéir à ses lois, la servir dans la mesure de leurs moyens, en travaillant à faire de leurs enfants de bons citoyens, d'honnêtes hommes, capables de remplir plus tard leurs devoirs.

Résolutions. — 1. Je considérerai le service militaire comme un devoir qui me mettra à même de défendre mon pays avec *honneur.*

2. Je serai prêt, au besoin, à verser mon sang pour la défense du pays.

3. Dans le but de devenir plus tard un bon soldat, je veux, dès à présent, prendre des habitudes d'ordre et de discipline, cultiver mon esprit par l'étude et fortifier mon corps par l'exercice.

Pensées. — L'ordre et l'honneur sont les deux nécessités de l'armée.

La discipline est le premier devoir du soldat.

Quand il s'agit de servir la patrie, toutes nos inimitiés doivent cesser, toutes nos affections doivent se taire ; l'homme s'efface : il ne reste plus que le citoyen.

Chants. — *La Chanson de Roland* (voir page 107).

Les trois couleurs (voir page 109).

Sujets de rédaction. — 1. Parlez du service militaire, et expliquez, d'après ce que vous avez entendu dire à vos frères aînés, comment, au régiment, le jeune homme fait l'apprentissage du métier de soldat.

2. Notre drapeau. — En quoi consiste-t-il? Quand a-t-il été créé? De quoi est-il l'emblème? Qui le défend? Pourquoi faut-il le saluer avec respect?

Problèmes moraux. — C'était pendant notre dernière guerre avec la Prusse. Une jeune alsacienne, Mlle Lang, est sommée par un officier de uhlans, sous peine de mort, de lui indiquer le chemin suivi par un régiment français qui vient de traverser le village. La jeune fille répond fièrement : « Je suis Française, ce n'est pas à moi de vous dire ce qui peut perdre les Français, » et elle refuse de renseigner les ennemis. Elle est fusillée. Cet admirable dévouement était-il nécessaire? Dans un cas semblable, agiriez-vous de même ?

A l'occasion du prochain départ de son fils sous les drapeaux, le père Vincent maugrée contre le service militaire. « C'est une injustice, dit-il ; la patrie n'a pas le droit de me prendre mon enfant. Et puis, en temps de paix, le service militaire est inutile. » Ce raisonnement est-il juste ? Est-il digne d'un bon Français ? Pourquoi ?

Que pensez-vous d'un jeune homme qui se mutile pour échapper au service militaire, et d'un autre qui, désirant vivement être soldat, se désole d'avoir été réformé par le conseil de revision? A quel mobile respectif obéissent-ils ?

Questionnaire. — Qu'est-ce que le service militaire ? — Pourquoi l'appelle-t-on aussi l'impôt du sang? — Est-il nécessaire ? — obligatoire ? — Pourquoi ? — Quelles sont les principales qualités du bon soldat ? — Comment un bon citoyen considère-t-il le service militaire ? — De quelle façon un enfant peut-il se préparer, dès l'école, au rude métier de soldat ? — Pourquoi doit-on respecter le drapeau ? — Comment les femmes peuvent-elles servir la patrie?

LEÇON DE REVISION

La société : L'homme est né pour la vie en société.

Avantages de la vie en société : Il retire des avantages inappréciables de ses relations avec les autres hommes.

La patrie : La patrie est la terre où nous sommes nés et où nos pères ont vécu.

Le patriotisme : On aime sa patrie comme on aime sa mère ; ce sentiment instinctif, c'est le patriotisme.

Bienfaits de la patrie : Dans la patrie chacun profite des travaux de ses compatriotes.

Le respect des lois : Il faut respecter la loi, qui est l'expression de la volonté générale des citoyens.

Obligation de s'instruire : On accomplit en s'instruisant son premier devoir de citoyen.

Le suffrage universel. — Le vote : Le citoyen doit voter pour des représentants sincères et dignes.

L'impôt : Chaque citoyen doit payer l'impôt et prendre ainsi sa part des charges de l'État.

Le service militaire : Tout Français valide doit le service militaire en personne.

Pensées.

« Nous sommes ce que vous fûtes, et nous serons ce que vous êtes » est dans sa simplicité l'hymne abrégé de toute patrie.

Le chant spartiate.

L'idée de patrie embrasse le passé, le présent, l'avenir.

VESSIOT.

Lecture.

1. Les Bienfaits de la patrie.

Ce que fait la patrie pour nous tous, il faut te le dire. C'est elle qui établit les lois faites à l'avantage de tous ; c'est elle qui par la police et la paix intérieure nous assure à tous la sécurité du travail et la jouissance de ce que nous avons gagné par le travail ; c'est elle qui fait que la nuit nous dormons en paix dans nos maisons, sans avoir à craindre les voleurs et les assassins, que nous nous promenons où nous voulons sans redouter les brigands ; c'est elle qui a construit et entretient toutes ces belles routes qui, partant de la capitale, vont jusqu'aux frontières, mettent en communication les régions différentes du pays, facilitent le commerce et les échanges. C'est elle qui a pris sous sa protection l'instruction publique, qui bâtit des maisons d'écoles là où elles manquent, s'assure que les maîtres sont capables de donner, à ceux qui ont comme toi besoin d'apprendre, un enseignement à la fois sérieux et honnête.

Charles BIGOT.
(*Le Petit Français*. E. Molouan, édit.)

2. Les Citoyens.

Tous les citoyens ont des devoirs envers l'État. Ces devoirs consistent dans l'obéissance à la loi, non pas une obéissance par force, toute faite d'intérêt et de crainte, mais faite de respect et devenue une adhésion libre et raisonnable, une adhésion joyeuse même ; car rien ne donne paix et joie à l'âme comme de faire son devoir. En particulier, un Français doit satisfaire aux obligations de la loi militaire, et cela de bon cœur, puisque ces obligations sont les mêmes pour tous. Il ne doit pas non plus se soustraire aux charges pécuniaires que l'État lui impose, puisque les impôts sont discutés et votés par les représentants de la nation, autant dire par la nation elle-même, et qu'ils servent à assurer les services publics. Dans les affaires de la vie, chaque fois qu'un citoyen se trouve en présence d'une loi, il doit se soumettre.

Ch. ADAM.

3. Le suffrage universel.

Le plus grand acte de la Révolution de 1848 fut d'établir le suffrage universel...

Le suffrage universel, en donnant à ceux qui souffrent un bulletin, leur ôte le fusil. En leur donnant la puissance, il leur donne le calme.

Le suffrage universel dit à tous, et je ne connais pas de plus admirable formule de la paix publique : « Soyez tranquilles, vous êtes souverains. »

Il ajoute : « Vous souffrez ? Eh bien, n'aggravez pas vos souffrances, n'aggravez pas les détresses publiques par la révolte. Vous souffrez ? Eh bien ! vous allez travailler vous-mêmes dès à présent à la destruction de la misère, par des hommes qui seront à vous, par des hommes en qui vous mettrez votre âme, et qui seront en quelque sorte votre main. Soyez tranquilles ! » Puis, pour ceux qui seraient tentés d'être récalcitrants, il dit : « Avez-vous voté ? — Oui. — Vous avez épuisé votre droit, tout est dit. Quand le vote a parlé, la souveraineté a prononcé. Il n'appartient pas à quelques-uns de défaire ni de refaire l'œuvre de tous. »

Il y a un jour dans l'année où le gagne-pain, le journalier, le manœuvre, l'homme qui traîne des fardeaux, l'homme qui casse des pierres au bord des routes, jugent les représentants, le Sénat, les ministres, le Président de la République. Il y a un jour dans l'année où le plus modeste citoyen prend part à la vie immense du pays tout entier, où la plus étroite poitrine se dilate à l'air vaste des affaires publiques, un jour où le plus faible sent en lui la grandeur de la souveraineté nationale, où le plus humble sent en lui l'âme de la patrie.

Quel accroissement de dignité pour l'homme, et par conséquent de moralité ! Quelle satisfaction et par conséquent quel apaisement !

Victor Hugo.

4. Du paiement de l'impôt.

C'est un devoir de payer l'impôt : car sans les contributions de chaque citoyen, l'État n'aurait pas de budget et ne pourrait pas faire fonctionner les services dont il est chargé. Comment, sans argent, rendre la justice, donner l'instruction, défendre le territoire, entretenir les routes ? Cet argent, d'ailleurs, est voté par les représentants du pays nommés à cet effet, et l'emploi en est surveillé par eux. Dès lors, le citoyen n'a rien à craindre ; on ne lui demande pas plus qu'il ne faut, et nul emploi illégitime ne peut être fait de ses fonds. Mais si l'État ne doit pas taxer les citoyens sans leur consentement et sans leur surveillance, ceux-ci, à leur tour, ne doivent pas refuser leur argent à l'État. Sans doute, ce mal n'est pas à craindre, puisque, à défaut de bonne volonté, la contrainte vient à bout des récalcitrants. Mais il y a toujours quelque moyen de frauder la loi. On croit trop facilement, dans le vulgaire, que tromper l'État ce n'est pas tromper ; on ne se fait pas scrupule de faire de fausses déclarations là où l'on demande des déclarations, de passer à la frontière des objets prohibés, etc., autant de manières de refuser l'impôt.

P. Janet.

(Notions de morale pratique. Delagrave, édit.)

Récitation.

1. La Patrie.

Le petit Frantz me dit, l'œil plein de rêverie,
Comme je le faisais sauter sur mes genoux :
« Père, explique-moi donc ce qu'est cette patrie
Dont on entend parler à chaque instant chez nous ?
— Oh ! la patrie, enfant, c'est d'abord, à ton âge,
Peu de chose vraiment : c'est moi, c'est mon amour,
C'est ta mère, tes sœurs, ton aïeul, le village,
La maison et la chambre où tu reçus le jour ;
C'est le grand pré, là-bas où Norra se repose,
Norra, la vache noire au bon lait écumeux
Qui barbouille de blanc ton petit museau rose,
Qui seule, bon sujet, vous fait quitter vos jeux ;
C'est le droit de courir, de faire du tapage,
De rentrer, de sortir et de dire : « chez nous » ;
Puis, quand vous êtes las, d'être pris de la rage
D'égrener vos pourquoi jusque sur mes genoux.
Mais, lorsqu'un peu plus tard, cette tête si folle
Saura, mon bon chéri, quelque peu se tenir,
Alors on t'apprendra, sur les bancs de l'école,
Ce qu'ont mis nos anciens de temps pour réunir
Tous ces morceaux divers qui forment notre France,
Et qu'il fallut gagner pied à pied, brin à brin,
Des rivages bretons aux vieux ports de Provence,
Et des monts de Béarn jusques aux bords du Rhin.
Tu comprendras, devant ce trésor d'âge en âge
Grossi par nos aïeux sans cesse triomphants,
Que pour tous, la patrie est le saint héritage
Que les pères mourants doivent à leurs enfants.
Un peu plus tard encore, — et ce serait ma joie
De tomber près de toi dans un des jours vainqueurs ! —
Plus tard, Frantz, la Patrie est un chiffon de soie
Qui déploie au soleil trois brillantes couleurs !

C'est le nom du pays, c'est l'honneur de ses armes ;
C'est le devoir sacré d'accourir à son rang,
Sitôt que le clairon lance le cri d'alarmes,
Et, sans songer aux siens, de donner tout son sang ..
Et plus tard la patrie est encor davantage :
C'est le droit de choisir librement tes amours ;
De travailler pour faire à ton tour un ménage,
Et de construire un nid pour abriter tes jours.
C'est la sécurité de ta jeune famille ;
C'est la place au soleil pour tous ceux de ton clan ;
Le savoir pour ton fils et l'honneur pour ta fille,
Et le respect de tous pour ta mère au front blanc.
Quand pour moi sonnera l'heure grave et sévère,
C'est le droit, ô mon fils, de me fermer les yeux,
Et puis de faire ainsi que j'ai fait pour mon père :
De déposer mon corps près de ceux des aïeux.
C'est le droit d'achever les œuvres commencées,
Et par ton seul travail de conquérir ton rang,
Au nom des libertés pièce à pièce amassées,
Que tant d'hommes pour toi payèrent de leur sang ! »
Le petit Frantz leva sa figure attendrie,
Et, fixant sur mes yeux ses yeux profonds et doux :
« Oh ! père, me dit-il, que c'est beau la patrie !
Je comprends maintenant qu'on l'aime tant chez nous. »

E. Siebecker.

(Poésies d'un vaincu. Berger-Levrault, édit.)

Sujets de rédaction.

1. Montrez, à l'aide d'exemples, que la pratique des devoirs civiques est légitime et nécessaire.

2. Le soldat. — Racontez suivant ce que vous avez pu lire ou entendre dire les principales étapes de sa vie militaire

3. Exposez les raisons pour lesquelles vous êtes prêt à vous sacrifier pour la patrie.

MA NORMANDIE (¹)

Paroles et musique de F. BÉRAT.

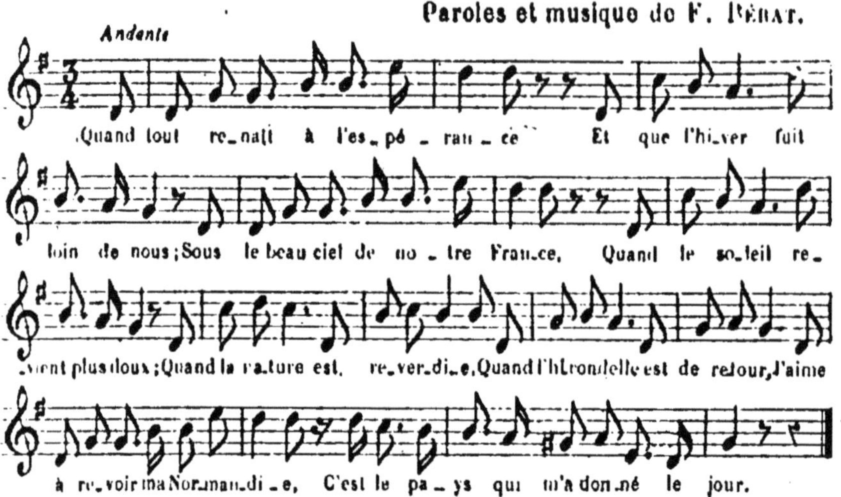

1.

Quand tout renaît à l'espérance
Et que l'hiver fuit loin de nous,
Sous le beau ciel de notre France,
Quand le soleil revient plus doux,
Quand la nature est reverdie,
Quand l'hirondelle est de retour,
J'aime à revoir ma Normandie :
C'est le pays qui m'a donné le jour.

2.

J'ai vu les champs de l'Helvétie
Et ses chalets et ses glaciers ;
J'ai vu le ciel de l'Italie
Et Venise et ses gondoliers.
En saluant chaque patrie
Je me disais : aucun séjour
N'est plus beau que ma Normandie :
C'est le pays qui m'a donné le jour.

3.

Il est un âge dans la vie
Où chaque rêve doit finir ;
Un âge où l'âme recueillie
A besoin de se souvenir.
Lorsque ma muse refroidie
Aura fini ses chants d'amour,
J'irai revoir ma Normandie :
C'est le pays qui m'a donné le jour.

(¹) Vᵛᵉ Gauvin et fils, édit., 5, place de Valois, Paris.

SENTENAC, Morale, É.

LA MARSEILLAISE

Paroles et musique
de Rouget de l'Isle.

1.

Allons, enfants de la Patrie,
Le jour de gloire est arrivé!
Contre nous, de la tyrannie,
L'étendard sanglant est levé (*bis*)!
Entendez-vous dans vos campagnes
Mugir ces féroces soldats?
Ils viennent jusque dans vos bras
Égorger vos fils et vos compagnes.

Refrain.

Aux armes, citoyens !
Formez vos bataillons !
Marchons ! Marchons !
Qu'un sang impur
Abreuve nos sillons !

2.

Que vaut cette horde d'esclaves,
De traîtres, de rois conjurés ?
Pour qui ces ignobles entraves,
Ces fers dès longtemps préparés (*bis*) ?
Français, pour nous, ah ! quel outrage!
Quels transports, il doit exciter !
C'est nous qu'on ose méditer
De rendre à l'antique esclavage !...

Au Refrain.

3.

Quoi ! des cohortes étrangères
Feraient la loi dans nos foyers ?
Quoi ! ces phalanges mercenaires
Terrasseraient nos fiers guerriers (*bis*) !
Grand Dieu par des mains enchaînées
Nos fronts, sous le joug se ploieraient :
De vils despotes deviendraient
Les maîtres de nos destinées !

Au Refrain.

4.

Tremblez, tyrans, et vous, perfides,
L'opprobre de tous les partis.
Tremblez, vos projets parricides
Vont enfin recevoir leur prix (*bis*) !
Tout est soldat pour vous combattre.
S'ils tombent, nos jeunes héros,
La terre en produit de nouveaux
Contre vous, tout prêts à se battre !

Au Refrain.

5.

Français, en guerriers magnanimes,
Portez ou retenez vos coups !
Épargnez ces tristes victimes,
A regret s'armant contre vous (*bis*).
Mais le despote sanguinaire,
Mais les complices de Bouillé,
Tous ces tigres, qui, sans pitié,
Déchirent le sein de leur mère...

Au Refrain.

6 (¹).

Amour sacré de la Patrie,
Conduis, soutiens nos bras vengeurs !
Liberté, Liberté chérie,
Combats avec tes défenseurs (*bis*) !
Sous nos drapeaux, que la Victoire
Accoure à tes mâles accents !
Que tes ennemis expirants
Voient ton triomphe et notre gloire !

Au Refrain.

7.

Nous entrerons dans la carrière
Quand nos aînés n'y seront plus :
Nous y trouverons leur poussière
Et la trace de leurs vertus (*bis*).
Bien moins jaloux de leur survivre
Que de partager leur cercueil,
Nous aurons le sublime orgueil
De les venger ou de les suivre.

Au Refrain.

(¹) Voir la musique des 6ᵉ et 7ᵉ strophes à la page suivante.

6ᵉ STROPHE
Lent, solennel
A_mour sa_cré de la Pa_tri _ _ e, Conduis, sou_
_tiens nos bras ven_geurs! Li_ber_té, Li_ber_té ché _ ri _ e, Com _ _
_bats a_vec les dé_fen_seurs, Com_bats a _ vec tes dé _ fen _
_seurs! Sous nos dra_peaux que la Vic _ toi _ re Ac _ _
_coure à tes mâ _ les ac _ cents! Que _ tes en _ ne_mis ex _ pi_
Au Refrain
_rants Voient ton tri _ omphe et no _ tre _ gloi _ re! Aux

7ᵉ STROPHE
(Couplet des enfants)
moderato
Nous en_tre_rons dans la car _ riè _ _ re Quand nos aî _
_nés n'y se _ ront plus: Nous y trouverons leur poussiè_re Et la
_tra _ ce de leurs ver _ tus, Et la tra _ ce de leurs _ _ ver_
_tus. Bien moins ja _ _loux de leur sur _ vi _ vre Que
de par_ta'_ger leur cer _ cueil, Nous au _ rons le su_blime or _
Au Refrain
_gueil _ De les ven _ _ger ou de les sui _ vre! Aux

LE CHANT DU DÉPART

Paroles de M. J. Chénier.   Musique de Méhul.

2ᵉ STROPHE
Que le fer pa_ter_nel ar _ me la main des
bra_ves! Son_gez à nous au _ champ de Mars! Con_sa_crez dans le
sang des rois et des es_cla_ves Le fer bé _ ni par _ nos vieil_
_lards! Et, rap_por_tant sous la chau _ _miè _ re Des blés_
_su_res et des ver_ _tus, Ve_nez fer_mer no_tre _ pau_
Au Refrain
_piè_re. Quand les ty_rans n'y se_ront plus. La Ré_pu_
3ᵉ STROPHE
De Ba _ ra, de Via_la, le sort nous fait en _
_vi _ e, Ils sont_ morts, mais ils ont vain_cu! Le _ lâche ac_ca_blé
d'ans n'a point con_nu la vi_e, Qui meurt pour le peu_ _ple a vé_
_cu! Vous ê _ _ tes vail_lants, nous le som _ mes. Gui_dez_
_nous con_tre les ty _ _ rans! Les ré _ pu _ bli_cains sont _ des _
Au Refrain
hom_mes, Les es_cla_ves sont des en_fants.... La Ré_pu_

4ᵉ STROPHE
Sur le fer devant Dieu, nous jurons à nos
pè _ res, A nos é _ pou _ ses, à _ nos _ sœurs, A nos re _ pré _ sen _
_ tants, à nos fils _ A nos mè _ res, D'a _ né _ an _ tir les _ op _ pres _
_ seurs : _ En tous _ lieux, dans la nuit pro _ fon _ de, Plon _
_ geant l'in _ fâ _ me roy _ au _ té Les Fran _ çais don _ ne _ ront _ au _
REFRAIN
mon _ de Et la paix et la Li _ ber _ té! La Ré _ pu _
_ bli _ que nous ap _ pel _ le, sa _ chons vaincre ou sa _ chons pé _
_ rir Un Fran _ çais doit vi _ _ vre pour el _ le, Pour
elle, un Fran _ çais doit mou _ rir! Un Fran _ çais doit vi _ _ vre pour
_ el _ le, Pour elle, un Fran _ çais doit mou _ rir!

1.

La victoire, en chantant, nous ouvre la barrière,
La liberté guide nos pas,
Et, du Nord au Midi, la trompette guerrière
A sonné l'heure des combats.
Tremblez, ennemis de la France,
Rois ivres de sang et d'orgueil,
Le peuple souverain s'avance :
Tyrans, descendez au cercueil !

Refrain.

La République vous appelle,
Sachez vaincre ou sachez périr :
Un Français doit vivre pour elle ; } *bis.*
Pour elle, un Français doit mourir.

2.

Que le fer paternel arme la main des braves !
Songez à nous au champ de Mars !
Consacrez dans le sang des rois et des esclaves
Le fer béni par les vieillards !
Et, rapportant sous la chaumière
Des blessures et des vertus,
Venez fermer notre paupière
Quand les tyrans n'y seront plus.

Au Refrain.

3.

De Bara, de Viala, le sort nous fait envie,
Ils sont morts, mais ils ont vaincu !
Le lâche accablé d'ans n'a point connu la vie,
Qui meurt pour le peuple a vécu.
Vous êtes vaillants, nous le sommes ;
Guidez-nous contre les tyrans !
Les républicains sont des hommes,
Les esclaves sont des enfants.

Au Refrain.

4.

Sur le fer, devant Dieu, nous jurons à nos pères,
    À nos épouses, à nos sœurs,
A nos représentants, à nos fils, à nos mères,
    D'anéantir les oppresseurs :
En tous lieux, dans la nuit profonde,
    Plongeant l'infâme royauté,
Les Français donneront au monde
    Et la paix et la Liberté !

POUR LA FRANCE (¹)

Paroles de ARRENAUD.   Musique de GLÄSER.

1.

Enfant, pourquoi sans cesse
Pâlir sur des écrits ?
Les jeux pour la jeunesse
Sont des trésors sans prix.
Aux jours d'insouciance
Renonce à la science.
— Non pas ! C'est pour la France,
Et jeune, je m'instruis.

2.

Jeune homme, en ta carrière
Pourquoi tant te presser ?
La peine journalière
Finit par te lasser.
Tu peux, sans indigence,
Garder plus d'allégeance.
— Non pas ! C'est pour la France,
J'agis sans me lasser.

3.

Soldat, de quelle gloire
Ton cœur est-il charmé ?
Pour notre territoire
Ton bras s'est-il armé ?
Flétris d'indifférence
La guerre et la vaillance.
— Non pas ! C'est pour la France;
Mon bras doit être armé !

4.

Vieillard, en ta faiblesse
Tu parles d'avenir !
Au temps qui te délaisse
Pourquoi te retenir ?
Abdique sans défense
L'effort et l'espérance.
— Non pas ! C'est pour la France
Je veille à l'avenir.

(¹) DANHAUSER, *Chants pour les écoles*. Hachette, édit.

LA CHANSON DE ROLAND (¹)

Paroles de SEDAINE.   Musique de GRÉTRY.

1.

Petit Chœur :

A Roncevaux, dans les Clairvaux,
Roland courant à la victoire
Chantait tout haut à Roncevaux,

Grand Chœur :

Chantait tout haut à Roncevaux,
A ses soldats couverts de gloire,
Preux tout fiers de leurs travaux.

(¹) DANHAUSER, *Chants pour les écoles.* Hachette, édit.

Petit Chœur :

>   Mourons pour la patrie (*bis*),
>   Un jour de gloire vaut cent ans de vie.

Grand Chœur :

>   Mourons pour la patrie (*bis*),
>   Un jour de gloire vaut cent ans de vie.

2.

Petit Chœur :

>   Combien sont-ils ? Combien sont-ils ?
>   Eh ! quand on vole à la victoire
>   L'on demande où sont les périls,

Grand Chœur :

>   Oui, l'on demande où sont les périls ;
>   Eux seuls conduisent à la gloire.
>   Eh ! qu'importe combien sont-ils !

Petit Chœur :

>   Mourons pour la patrie (*bis*),
>   Un jour de gloire vaut cent ans de vie.

Grand Chœur :

>   Mourons pour la patrie (*bis*),
>   Un jour de gloire vaut cent ans de vie.

LES TROIS COULEURS

Paroles de Georges GOURDON.   Mélodie populaire.

1.

Les connais-tu, les trois couleurs,
Les trois couleurs de France ?
Celles qui font rêver les cœurs
De gloire et d'espérance :
Bleu céleste, couleur du jour,
Rouge de sang, couleur d'amour,
Blanc : franchise et vaillance.

2.

Jusqu'à la mort on le défend,
    O sublime foile !
Et quand il revient, triomphant,
Vers sa loque chérie,
Les yeux sont de larmes remplis ;
Car le drapeau garde en ses plis
L'âme de la Patrie !

3.

Qu'il frissonne au soleil joyeux,
    Ou qu'il flotte sur l'onde ;
Lorsque la paix rit sous les cieux,
Ou quand la guerre gronde,
France, il entraîne tous les cœurs,
Lui qui porta dans ses couleurs
La liberté du monde !

CHAPITRE V

DEVOIRS INDIVIDUELS

I. — LE CORPS

30ᵉ Leçon. — Devoirs envers le corps.

Précepte : *Quand le corps est faible, il commande ; quand il est fort, il obéit.*

J.-J. Rousseau.

Résumé. — L'homme n'a pas seulement des devoirs envers sa famille, sa patrie, la société, il en a aussi envers lui-même, c'est-à-dire envers son *corps* et envers son *âme*. Ce sont les *devoirs individuels*.

Sa vie ne lui appartient pas puisqu'il se doit aux siens et aux autres hommes ; il doit donc *respecter sa vie* comme il est tenu de respecter celle de ses semblables : le *suicide* est un crime et une lâcheté.

De plus, l'homme a tout intérêt à conserver sa *santé*, ce bien précieux qui contribue à son bonheur et facilite sa tâche dans la vie. Il y parvient en se tenant toujours propre, en demeurant sobre et tempérant, en entretenant son activité par un exercice réglé et régulier et en observant les règles d'hygiène.

En suivant ces prescriptions, l'homme garde intacte sa *dignité*, reste maître de lui, n'est point le jouet des passions malsaines ni des mauvaises habitudes et se sent fort devant les difficultés.

Résolutions. — 1. Afin de me bien porter, je prendrai un soin constant de mon corps.

2. Je prouverai par ma propreté, ma sobriété et ma tempérance, mon respect pour la « maison de mon âme. »

3. Je me garderai des imprudences et des excès, qui diminuent les forces physiques ou les empêchent de se développer.

Pensées. — Un esprit sain dans un corps sain.

Il faut se conduire dans la pensée que ce n'est pas pour le corps qu'on doit vivre, mais qu'on ne peut vivre sans le corps.

Le corps est la demeure de l'âme : il doit être tenu dans un état constant de propreté.

Conduis-toi toujours de façon à conserver l'estime de toi-même et à inspirer celle des autres.

La vie est une pensée de la jeunesse exécutée par l'âge mûr.

Auguste COMTE.

Chant. — *La perle* (voir page 168).

Sujets de rédaction. — 1. De la nécessité de bien se porter. Montrer par des exemples l'influence (bonne ou mauvaise) que le physique exerce sur le moral.

2. Développer cet adage des anciens : Une âme saine dans un corps sain.

Problèmes moraux. — De deux personnes, l'une est d'un tempérament délicat ; l'autre, d'une constitution robuste. — Laquelle des deux aura généralement le caractère le plus sociable ? — Laquelle aura le moins souvent l'esprit chagrin ? — Pourquoi ?

Il y a des jeunes gens de votre âge qui cherchent « à faire les hommes » en adoptant dans leur maintien et dans leur langage des façons grossières, en imitant servilement les défauts de personnes plus âgées qu'eux (ils boivent des liqueurs fortes, ils fument, etc.). Un de vos condisciples, au contraire, ne s'efforce pas de singer les travers de ses aînés ; il a plutôt une tenue réservée, un langage convenable, des amusements bien choisis. Qui préférez-vous de ces jeunes gens? Vous justifierez votre réponse.

Questionnaire. — Qu'est-ce que les devoirs individuels? — Quels sont les devoirs de l'homme envers son corps ? — Le suicide est-il permis ? — Pourquoi est-il un crime? — Pourquoi devons-nous conserver notre santé? — Comment nous y prendrons-nous?

31ᵉ Leçon. — **Le suicide.**

Précepte: *La vie est un combat : honte à qui la fuit !*

Résumé. — Celui qui *se tue* pour ne pas supporter ce que la vie comporte parfois de souffrances, de revers, de chagrins, d'injustices, commet une *lâcheté.* Car *se suicider,* c'est dire : « Je ne veux plus lutter pour l'accomplissement de mon devoir; je n'ai pas le courage de surmonter mes peines. »

Le suicide est un *crime social.* C'est priver les autres hommes de nos efforts, de notre travail, de notre contribution au progrès humain que de se réfugier dans cette mort « furtive et honteuse. »

Il ne faut pas oublier que le temps apaise les douleurs, calme les souffrances ; qu'il est permis de croire à des jours plus heureux dans l'avenir, et que l'espérance, innée au cœur de l'homme, soutient dans les épreuves et embellit la vie.

Résolutions. — 1. Je m'efforcerai de lutter le mieux possible contre la douleur et le désespoir.

2. Je combattrai le découragement; je m'arracherai aux idées de suicide s'il m'arrivait, dans des circonstances pénibles, d'y penser un seul instant.

Pensées. — Chaque fois que tu seras tenté de sortir de la vie, dis en toi-même : « Que je fasse encore une bonne action avant que de mourir. » Puis va chercher quelque indigent à secourir, quelque infortuné à consoler, quelque opprimé à défendre.

J.-J. Rousseau.

Travailler à soulager la souffrance d'autrui ; voilà le meilleur remède contre la tentation du suicide.

J.-J. Rousseau.

Le suicide, c'est l'héroïsme des lâches.

Chant. — *Sommeil et espérance* (voir page 169).

Sujet de rédaction. — Quels sont les moyens qui vous paraissent les plus efficaces pour chasser l'ennui, apaiser les douleurs, calmer le désespoir ?

Problèmes moraux. — Bien des gens soutiennent qu'il faut beaucoup de courage pour se suicider, et que ce ne sont pas les lâches qui se tuent. On vous a enseigné le contraire à l'école; on vous a dit que le courage le plus méritoire était celui de l'homme qui lutte bravement contre les injustices, les peines, les rancœurs de l'existence ; on vous a dit que le courage d'une minute ne vaut pas le courage de toute une vie.

Quelles autres raisons donneriez-vous s'il vous fallait justifier cette idée que, malgré les apparences, le suicide est toujours une lâcheté morale ?

C'est quelquefois pour se dérober au déshonneur qu'un homme se tue (le commerçant qui fait de mauvaises affaires ; le caissier qui a volé dans la caisse de son patron ; l'homme qui se repent d'une grosse faute commise). N'y aurait-il pas un moyen plus noble et plus effectif que la mort de racheter le déshonneur ?

Questionnaire. — Qu'est-ce que le suicide ? — Pourquoi faut-il aimer la vie ? — Quels sentiments inspire un homme qui attente à ses jours ? — A-t-on le droit de se suicider ?

32e Leçon. — **La propreté.**

Précepte : *La propreté est mère de la santé.*

Résumé. — La *propreté* consiste à tenir le corps en bon état par des lavages réguliers et à veiller à ce que nos vêtements ne soient ni sales ni déchirés.

Tous les jours, il faut se *laver* les mains et le visage, se *nettoyer* les dents, se *peigner* les cheveux, *brosser* ses vêtements, *cirer* ses chaussures. En outre, on doit prendre des *bains* assez fréquemment.

Il faut être propre, par *respect pour soi-même* d'abord, par respect pour les autres ensuite. La négligence des soins de propreté est doublement coupable : elle nous expose aux *maladies* et nous rend un objet de *répulsion* et de *dégoût* pour ceux qui nous entourent.

Résolutions. — 1. Je ne souffrirai aucune malpropreté sur moi, sur mes vêtements, dans ma demeure.

(Carnet de Franklin).

2. Ma première occupation, chaque matin, sera de me laver le visage et les mains.

Pensées. — Il faut pratiquer la propreté de manière à n'être ni fâcheux ni recherché.

CICÉRON.

La propreté est à l'homme ce que le parfum est à la fleur.

Ce qu'est la pureté pour l'âme, la propreté l'est pour le corps.

ÉPICTÈTE.

Un teint animé qui s'entretient lui-même par l'exercice du corps, une propreté raisonnable, contribuent à la dignité du visage.

CICÉRON.

Propreté donne vigueur et santé.

FRANKLIN.

Quand la double institution des bains et des lavoirs publics sera ce qu'elle doit être, elle aura réalisé l'un des plus précieux instruments de l'hygiène publique : elle aura donné à l'ouvrier de l'eau pour se laver, du linge sec et propre pour se couvrir : elle aura assaini son foyer domestique.

Michel LÉVY.

Sujets de rédaction. — 1. Faites le portrait d'un enfant propre, et celui d'un enfant sale. Quels sentiments vous inspirent-ils tous deux ? Lequel des deux a votre préférence ?

2. Parlez des bons effets de la propreté au point de vue physique et au point de vue moral.

Problèmes moraux. — Un enfant riche, vêtu de beaux vêtements, ne prend aucun soin de lui-même ; il est toujours sale et déchiré. Un autre enfant, moins bien vêtu, a soin de ses habits et ne se salit pas. Lequel des deux produit la meilleure impression ?

Les matins d'hiver, quand il fait bien froid, vous resteriez volontiers quelques minutes de plus au lit ; mais vous auriez ensuite à peine le temps de vous rendre à l'école à la hâte, sans faire votre toilette. Vous étiez resté longtemps sans céder à la tentation, quand un matin, vous avez manqué de volonté. Vous vous êtes attardé sous les couvertures et vous êtes arrivé en retard en classe, les mains pas très propres et le visage non débarbouillé. Étiez-vous content de vous, ce matin-là ? et vous sentiez-vous aussi à l'aise que d'habitude ?

Questionnaire. — En quoi consiste la propreté ? — Est-ce une qualité bien importante ? — Quels sont les devoirs de propreté que l'écolier doit remplir le matin en se levant? — Quelle est l'influence de la propreté sur le physique, sur le moral et au point de vue social? — Pourquoi recherche-t-on la compagnie des personnes propres et fuit-on le voisinage de celles qui se tiennent mal? — Quels sont les effets de la malpropreté ?

33ᵉ Leçon. — **La sobriété.**

Précepte : *Il faut manger pour vivre et non vivre pour manger*.

Résumé. — La *sobriété* consiste à éviter tous les excès de table.

Ces excès *alourdissent le corps, fatiguent les voies digestives, occasionnent* parfois des *maladies dangereuses, obscurcissent l'intelligence*.

C'est un bien triste spectacle que celui d'un homme uniquement préoccupé des plaisirs de la table et dont le seul objectif est de rechercher la délicatesse et l'abondance des mets.

La *gourmandise* est un vice honteux pour un homme raisonnable et libre; elle l'avilit, le rapproche de la bête et lui fait perdre sa dignité d'homme.

Résolutions. — 1. Je ne mangerai jamais jusqu'à m'alourdir.
(*Carnet de Franklin.*)

2. J'éviterai la gloutonnerie qui n'augmente pas les forces physiques, mais fait perdre l'agilité du corps.

3. Je veux être une personne instruite et libre, et non pas un animal engourdi par une pénible digestion.

Pensées. — De tout ce qui regarde le corps, comme le manger, le boire, les vêtements, la maison, les gens de maison, n'aie que le strict nécessaire. Tout ce qui est pour l'ostentation ou la sensualité, supprime-le entièrement.

Manger sobrement, faire beaucoup d'exercices.

HIPPOCRATE.

Ne mangez pas jusqu'à être appesantis.

FRANKLIN.

Les grands mangeurs et les grands dormeurs sont incapables de rien faire de grand.

HENRI IV.

Veux-tu vivre longtemps? Mets un frein à ta gourmandise.

(Aphorisme de l'école de Salerne.)

Si tu veux toujours te remettre à table avec appétit, quitte-la toujours avant d'être tout à fait rassasié.

A. VESSIOT.

Un vice coûte plus à nourrir que deux enfants

FRANKLIN.

Chant. — *Le rat de ville et le rat des champs* (voir page 170).

Sujets de rédaction. — 1. La sobriété, ses heureux effets. Montrez qu'elle est une condition première de santé.

2. Imaginez une histoire dans laquelle vous montrerez les inconvénients de la gourmandise. Concluez en faisant ressortir les avantages de la sobriété.

3. Développez cette maxime si souvent citée: « Il faut manger pour vivre et non vivre pour manger. »

Problèmes moraux. — Votre mère vous donne tous les jours deux sous pour votre goûter de quatre heures. Si vous les dépensiez à acheter des gourmandises, cela serait-il bien? — A quelles conséquences fâcheuses pourrait vous entraîner l'habitude de cette action?

On trouve encore des personnes qui se défient d'accomplir, à certaines occasions, des tours de force de gloutonnerie. On assiste

alors à des scènes d'une bestia-
lité invraisemblable. Le gagnant de
'es paris se montre toujours très
fier de sa supériorité. Que pensez-vous de cette prétendue « supériorité » ?

Questionnaire. — Qu'est-ce

que la sobriété? — Influence de
la gourmandise sur le physique.
— Sur le moral. — Quelle différence existe entre la gourmandise
et la gloutonnerie ? — Quels sentiments inspire un gourmand ? —
Un glouton?

34ᵉ Leçon. — **La tempérance.**

Précepte : *Ne bois jamais de liqueurs fortes.*

Résumé. — La *tempérance* consiste dans l'*usage modéré* des *boissons saines* et l'*abstinence absolue* des *boissons fortes*.

« L'*alcoolisme* est l'empoisonnement chronique (¹) qui résulte de l'usage habituel de l'alcool, alors même que celui-ci ne produit pas l'ivresse.

« C'est une erreur de dire que l'alcool est nécessaire aux ouvriers qui se livrent à des travaux fatigants, qu'il donne du cœur à l'ouvrage ou qu'il répare les forces ; l'excitation artificielle qu'il procure fait bien vite place à la dépression nerveuse et à la faiblesse ; en réalité, l'alcool n'est utile à personne, il est nuisible pour tout le monde.

« L'habitude de boire des eaux-de-vie conduit rapi-dement à l'alcoolisme, mais les boissons dites hygiéni-ques contiennent aussi de l'alcool ; il n'y a qu'une

---

(¹) C'est-à-dire lent, progressif.

différence de doses : l'homme qui boit chaque jour une quantité immodérée de vin, de cidre ou de bière, devient aussi sûrement alcoolique que celui qui boit de l'eau-de-vie.

« Les boissons dites apéritives (absinthe, vermouth, amers), les liqueurs aromatiques (vulnéraire, eau de mélisse ou de menthe, etc.), sont les plus pernicieuses, parce qu'elles contiennent, outre l'alcool, des essences qui sont, elles aussi, des poisons violents.

« L'habitude de boire entraîne la désaffection de la famille, l'oubli de tous les devoirs sociaux, le dégoût du travail, la misère, le vol et le crime. Elle mène, pour le moins, à l'hôpital, car l'alcoolisme engendre les maladies les plus variées et les plus meurtrières : la paralysie, la folie, les affections de l'estomac et du foie, l'hydropisie ; il est une des causes les plus fréquentes de la *tuberculose*. — Enfin, il complique et aggrave toutes les maladies aiguës : une fièvre typhoïde, une pneumonie, un érysipèle qui seraient bénins chez un homme sobre, tuent rapidement le buveur alcoolique.

« Les fautes d'hygiène des parents retombent sur leurs enfants ; s'ils dépassent les premiers mois, ils sont menacés d'idiotie ou d'épilepsie, ou bien encore ils sont emportés, un peu plus tard, par la méningite tuberculeuse ou par la phtisie.

« Pour la santé de l'individu, pour l'existence de la famille, pour l'avenir du pays, l'alcoolisme est un des plus terribles fléaux. »

(Professeur DEBOVE,
doyen de la Faculté de Médecine de Paris.)

Résolutions. — 1. Je ne boirai jamais que par besoin.

2. Je ne boirai pas jusqu'à m'échauffer la tête.

(Carnet de Franklin.)

3. Je prendrai avec modération des boissons saines (eau pure, vin, cidre, bière).

4. Je blâmerai l'ivrogne et ferai tout mon possible pour le détourner de son funeste penchant.

Pensées. — Si tu veux te garder de l'ivrognerie, regarde un ivrogne.

L'alcoolisme prédispose à toutes les maladies.

L'alcool fait de nos jours plus de ravages que les trois fléaux historiques : la famine, la peste et la guerre.

GLADSTONE.

Savez-vous ce que boit cet homme dans son verre qui vacille en sa main tremblante d'ivresse ? — Il boit les larmes, le sang, la vie de sa femme et de ses enfants.

LAMENNAIS.

Chant. — *Jean l'ivrogne* (voir page 171).

Sujets de rédaction. — 1. Prouvez, en vous appuyant sur des exemples, que l'intempérance a pour effets : la ruine de la santé, le désordre et la misère dans la famille.

2. Une mère laisse en mourant deux jeunes enfants, l'un de sept ans, l'autre de neuf ans, à la charge de leur père, un ivrogne incorrigible. Dépeignez le triste spectacle qu'offre cette famille et dites quels sont vos devoirs envers ces enfants qui sont vos voisins.

3. Racontez comment un ancien camarade de votre père, entraîné au cabaret par de mauvaises compagnies, est devenu alcoolique. Exposez les conséquences de son fâcheux état.

Problèmes moraux. — Un vigneron, qui absorbe du vin avec excès, proclame que l'ivresse produite par cette boisson n'est pas dangereuse. Il reconnaît qu'il faut éviter l'abus des liqueurs fortes ; mais il croit pouvoir boire avec excès du vin naturel. Partagez-vous son opinion ? — Même si l'on admettait que l'ivresse habituelle par le vin ne produit aucun trouble dans l'organisme, n'y aurait-il pas d'autres raisons pour l'interdire à l'homme qui a conscience de sa dignité et de son rôle ?

L'ivrogne prend à jeûn un petit verre d'alcool pour « tuer le ver », dit-il. Le moraliste et le médecin affirment, au contraire, que ce petit verre « tue l'ivrogne ». Quelle est la meilleure formule, celle qui est la plus exacte ?

Questionnaire. — Définir la tempérance et l'intempérance. — Quelles sont les conséquences de l'intempérance ? — Pourquoi est-il dangereux de se laisser aller, même rarement, à l'usage des liqueurs fortes ? — Quelle est la forme chronique de l'intempérance qu'il faut le plus éviter ? — Qu'est-ce que l'alcoolisme ? — Quelles sont ses causes ? — ses effets ? — pour l'alcoolique ? — pour sa famille ? — pour la société ?

35e Leçon. — **La gymnastique.**

Précepte : *L'homme fort, adroit est plus complet, plus capable de rendre service.*

Résumé. — La *gymnastique* est l'ensemble des *exercices physiques* propres à assouplir les membres et à concourir au développement général du corps. Ces principaux exercices sont : la *marche*, la *course*, le *saut*, la *natation*, les *mouvements* aux *appareils spéciaux*, etc.

La *gymnastique* fait circuler le sang et *fortifie le corps;* elle rend agile, adroit et courageux. Elle influe heureusement sur les *facultés intellectuelles*. Avec la puissance des muscles, augmente l'*énergie morale*. Les facultés d'attention, de mémoire, de sang-froid, de jugement se développent aussi par l'habitude des mouvements réguliers et raisonnés de la gymnastique.

Résolutions. — 1. J'aimerai les exercices de gymnastique de l'école, qui me prépareront aux exercices gymnastiques du soldat.

2. Je développerai la souplesse et la force de mes muscles par la gymnastique, afin de conserver ma santé physique et d'éviter les faiblesses morales des paresseux et des débiles.

3. J'ai conscience qu'un de mes premiers devoirs de Français est de me livrer à cette culture physique qui contribue à la fermeté des caractères.

Pensées. — Les exercices du corps sont aussi utiles que ceux de l'esprit et contribuent tout autant à former la volonté.

Jules Simon.

Le sentiment de nos forces les augmente.

Vauvenargues.

Les exercices physiques sont une partie de l'hygiène qu'il est indispensable de connaître et d'appliquer pour bien se porter.

Voulez-vous cultiver l'intelligence de votre élève ? cultivez les forces qu'elle doit gouverner.

J.-J. Rousseau.

La gymnastique assouplit le corps et l'esprit.

Il faut entretenir la vigueur du corps pour conserver celle de l'esprit.

Vauvenargues.

Les exercices de gymnastique ne sont bienfaisants qu'à la condition de ne laisser après eux aucune fatigue durable.

E. Pécaut.

L'étudiant devrait se jurer à lui-même de consacrer chaque jour deux heures au mouvement en plein air.

J. Blackie.

Les exercices de gymnastique sont nécessaires, surtout dans les écoles ; ils répondent à un besoin constant d'activité provenant du développement physique.

Mme KERGOMARD.

La gymnastique contribue à la santé : elle fortifie la poitrine, délie les membres, tempère le système nerveux et régularise les fonctions de l'organisme.

Mme KERGOMARD.

Ne reste pas continuellement assise, mais efforce-toi de te tenir debout devant la toile ; aie l'œil à la boulangerie, sois présente au mesurage, fais ta ronde pour voir si tout est en place : un tel régime te fera trouver plus de charme au repas, te procurera une meilleure santé, et te donnera un beau teint. (*Conseil d'Ischomachus à sa femme.*)

XÉNOPHON.

Chant. — *Chanson béarnaise* (voir page 173).

Sujets de rédaction. — 1. Énumérez les exercices physiques qui conviennent le mieux à chaque saison de l'année.

2. Montrez la nécessité des exercices physiques pour les personnes qui se livrent à un travail sédentaire.

3. Quels exercices physiques préférez-vous ? Motivez vos préférences.

Problèmes moraux. — Si, pour vos étrennes, votre père vous demandait de choisir entre un jeu de quilles, une balançoire, un jeu de croquet et un jeu de cartes, quel jeu choisiriez-vous ? — Motivez votre préférence.

Votre père ayant fait installer dans le jardin de la maison une barre fixe, vous avez pris l'habitude d'aller tous les soirs, après la classe, y faire quelques exercices, en attendant le dîner. Vos camarades, autrefois accoutumés à jouer avec vous après la classe, essayent de vous faire perdre cette nouvelle habitude. Ils vous rappellent le charme de leurs jeux et ils raillent votre amour de la gymnastique. Que leur répondez-vous ?

Questionnaire. — Qu'est-ce que la gymnastique ? — Quels sont les exercices physiques les plus connus ? — Quelle influence exerce la gymnastique sur le physique ? sur le moral ?

36ᵉ Leçon. — **L'hygiène.**

récepte : *La santé est le plus précieux des biens.*

ésumé. — *L'hygiène* est l'ensemble des règles à suivre pour se bien porter.

Elle prescrit, en premier lieu, la *propreté*, la *sobriété*, la *tempérance*, les *exercices physiques*. Elle recommande en outre l'*aération* des appartements, l'usage de vêtements qui ne gênent point le développement physique, l'emploi de *désinfectants* en temps d'épidémie, etc., etc. Elle fournit aussi, en dehors de ces prescriptions générales, des indications particulières sur l'*hygiène professionnelle* de chaque catégorie de travailleurs.

Une bonne hygiène est nécessaire pour éviter les maladies ou pour en hâter la guérison.

Résolutions. — 1. J'écouterai attentivement les leçons d'hygiène.

2. Je mettrai en pratique les bons conseils reçus à chacune de ces leçons.

Pensées. — L'hygiène est une médecine préventive.

Se lever tôt, se coucher tôt, donne santé, richesse et sagesse.

Boire de l'eau-de-vie, de l'absinthe, du vermouth, du rhum, c'est s'empoisonner lentement.

Ne buvez pas d'eau froide quand vous êtes en sueur.

En se levant tôt, on augmente sa vie.

Où le soleil n'entre pas, la porte est ouverte au médecin.

Mieux vaut soigner la santé que la maladie.

Si l'hygiène est l'art de conserver la santé, c'est aussi celui de la perfectionner.

Avant de développer l'intelligence, il convient de développer les forces qu'elle est appelée à gouverner.

Sujets de rédaction. — 1. Montrez à l'aide d'exemples qu'en se couchant tôt et se levant tôt, on *fait du bien* à son corps et à son âme.

2. Nécessité d'aérer les appartements. Influence qu'exerce l'air vicié sur l'organisme.

3. Faites le portrait d'un de vos camarades d'un tempérament maladif. Par quels moyens pourrait-il fortifier son corps et rétablir sa santé ?

Problèmes moraux. — Après une bronchite, le docteur vous recommande de prendre de l'huile de foie de morue : il attend de ce remède les meilleurs résultats. Mais vous éprouvez une certaine répugnance à prendre cette huile. — Essayerez-vous de surmonter cette répugnance ? Pourquoi ?

Un jour d'été où vous êtes tout en sueur, vous êtes tenté de vous désaltérer à une source très fraîche. Mais vous savez les conséquences que cette imprudence pourrait avoir. Que ferez-vous ?

On recommande soigneusement d'aérer les appartements, même l'hiver quand il fait très froid. Et beaucoup de personnes préfèrent, quoi qu'on leur en ait dit, l'atmosphère viciée mais chaude de leur appartement à une atmosphère froide mais saine. Quelles raisons militent en faveur de cette aération ?

Questionnaire. — Qu'est-ce que l'hygiène ? — Quelles sont les prescriptions hygiéniques les plus importantes ? — Quelles sont les conséquences d'une mauvaise hygiène ? — N'est-elle pas la cause de la plupart des maladies ? Pourquoi ?

II. — BIENS EXTÉRIEURS.

37e Leçon. — **Les biens extérieurs.**

Précepte : *Si quelqu'un vous dit que vous pouvez vous enrichir autrement que par le travail et l'économie, fuyez-le.*

FRANKLIN.

Résumé. — Les *biens extérieurs* sont des dons précieux de la nature et de la société qui nous permettent de répondre à nos principaux besoins moyennant une dépense raisonnable d'activité soutenue.

« Quand on est témoin, écrit Horace Mann, de ce que la *pauvreté* engendre de *vices* et de *délits*, on se dit que rien n'est plus respectable que l'effort pour y échapper. » Mais si cet effort est parfaitement honorable et légitime, s'il est juste que chacun de nous travaille pour se *procurer l'aisance*, il faut se garder d'employer, pour arriver à ce but, des moyens malhonnêtes, comme le *vol* ou la *tromperie*. Il faut éviter aussi de se laisser hypnotiser par ce but et de tomber dans *l'amour immodéré* des biens extérieurs.

Résolutions. — 1. Je chercherai à profiter des avantages sociaux auxquels j'ai droit.

2. Je me refuserai toujours à acquérir des biens extérieurs par des moyens injustes ou malhonnêtes.

3. Je ne ferai pas de l'acquisition de biens extérieurs le but unique de ma vie.

Pensées. — Une chose inutile est toujours trop chère, quand même elle ne coûterait qu'une bagatelle.

Contente-toi du nécessaire : n'aspire jamais au superflu.

Habituons-nous à repousser le faste et, en toutes choses, consultons l'utile et non l'éclat.

SÉNÈQUE.

Joignons toujours l'utile à l'agréable.

De tout ce qui regarde les biens extérieurs, n'aie que le strict nécessaire.

ÉPICTÈTE.

Savoir borner ses désirs, voilà le vrai secret du bonheur.

Regarder au-dessous de soi et non au-dessus, c'est l'art d'être heureux.

Sujets de rédaction. — 1. Mettez en prose la fable de La Fontaine : « Le savetier et le financier », et faites-en ressortir la moralité.

2. Si vos parents vous donnaient cinquante francs pour vos étrennes, que feriez-vous de cette somme ?

Problèmes moraux. — Si l'on vous offrait une fortune à la condition d'accomplir une action que vous jugeriez malhonnête, accepteriez-vous cette proposition ?

Chaque fois que Pierre fait une commission pour sa voisine, celle-ci lui donne 0,10 que Pierre met dans sa tirelire. Ce soir, les commissions de la voisine ne sont pas très pressées et la mère de Pierre le prie justement de venir surveiller son petit frère pendant son absence. Que doit faire Pierre sans hésiter ? Pourquoi est-il préférable qu'il rende service à sa mère, plutôt que de grossir sa tirelire en faisant une commission ?

Questionnaire. — Définir les biens extérieurs. — Énumérer les principaux biens extérieurs. — Est-il légitime de rechercher l'aisance ? — Pourquoi ? — Quels moyens sont louables dans cette poursuite de l'aisance ? — Quels autres moyens faut-il se garder d'employer ?

38e Leçon. — **L'avarice et la prodigalité.**

Précepte : *Il faut être plus avare de son temps que de son argent.*

CHRISTINE DE SUÈDE.

Résumé. — Lorsque le désir d'amasser des biens devient l'unique préoccupation de l'homme, il dégénère en une *passion dégradante* qui fait de lui l'esclave de l'argent. C'est *l'avarice*. L'avare, pour le plaisir d'augmenter ses ressources, se *prive du nécessaire* et imagine des spéculations plus ou moins honnêtes. Peu à peu, il perd tous les *bons sentiments* de la nature humaine et ne devient accessible qu'à une seule joie, celle de contempler son or. Il est alors vil et méprisable.

Mais s'il est *immoral* d'amasser de l'or pour le plaisir d'avoir de l'or, il est *immoral* aussi de *dépenser inutilement*, sans compter, ce que l'on possède, d'être *prodigue*.

Il faut se garder également de l'avarice et de la prodigalité.

Résolutions. — 1. Je n'attacherai pas à la possession des biens extérieurs une importance telle que je puisse être conduit à l'avarice.

2. Si, par mon travail, avec honnêteté et droiture, il ne m'est pas possible de parvenir à l'aisance, j'aurai toujours assez le respect de moi-même pour rester pauvre mais honnête.

3. S'il m'arrivait de gaspiller mes biens, je me souviendrais des misères auxquelles je pourrais remédier avec les ressources que je serais tenté de dépenser encore inutilement.

Pensées. — Souvent, c'est faire un grand gain que de savoir perdre à propos.

Dépenser plus qu'on a, c'est dépenser l'argent des autres.

> O toi qui tiens ménage,
> Retiens bien ma leçon :
> Réparer un dommage
> Enrichit la maison ;
> Mais dépense inutile,
> Petite et journalière,
> Luxueuse et futile,
> Te mène à la misère.
>
> F. DE NEUFCHATEAU.

Mauvaise marchandise n'est jamais bon marché.

Le plus riche des hommes, c'est l'homme économe ; le plus pauvre, c'est l'avare.

CHAMFORT.

L'avarice est la dernière et la plus absolue de nos passions.

VAUVENARGUES.

Ne fais que des dépenses utiles pour toi et les autres, c'est-à-dire ne prodigue rien.

FRANKLIN.

Sujets de rédaction. — 1. Développer cette pensée d'Alexandre Dumas fils : « N'estime l'argent ni plus ni moins qu'il vaut : c'est un bon serviteur et un mauvais maître. »

2. Traduisez en prose la fable de La Fontaine : « L'Avare qui a perdu son trésor », et faites-en ressortir la moralité.

3. Dans quelles limites faut-il recommander : 1° l'amour des biens extérieurs ? 2° le détachement des biens extérieurs ?

Problèmes moraux.— Comme on offre à votre père un placement avantageux de ses économies, Mme veuve X, mère de deux enfants en bas âge, et alitée par suite d'un accident de travail, le prie de vouloir bien mettre à sa disposition, moyennant paiement d'intérêts, une somme d'argent suffisante pour pourvoir aux besoins de ses enfants pendant sa maladie. Que fera votre père ?

Jacques reçoit tous les jours un sou de sa mère pour acheter un petit pain, à goûter. Au lieu de dépenser son sou, il le garde précieusement à l'insu de sa mère et le dépose dans une cachette où il va souvent compter et admirer sa petite réserve dont il ne se départirait pas même pour obliger un miséreux. Louez-vous ou blâmez-vous sa conduite ?

Son camarade Jean, au contraire, dépense inutilement les sous qu'on lui donne à acheter des gourmandises, ou des jouets qui l'amusent seulement une heure. Croyez-vous qu'il agit mieux que Jacques ? Ne pourrait-il pas faire un meilleur usage de son argent?

Questionnaire. — Qu'est-ce que l'avarice ? — Quelles conséquences entraîne l'avarice ? — Quels sentiments inspire l'avare ? — Qu'est-ce que la prodigalité ? — La prodigalité n'est-elle pas à éviter presque autant que l'avarice ? — Pourquoi ?

39e Leçon. — L'économie, la prévoyance et l'épargne.

Précepte : *Il faut faire provision de ressources pour les jours difficiles.*

Résumé. — *L'économie* tient le juste milieu entre l'avarice et la prodigalité.

Elle consiste à *ménager* ce que l'on possède en évitant les *dépenses inutiles.* On économise son temps et sa santé, comme on économise son argent et ses autres biens.

L'économie est fille de la *prévoyance,* qui se préoccupe de l'avenir et prévoit les *accidents,* les *chômages,* les *maladies,* la *vieillesse.*

Si l'on économise chaque jour une partie de son gain, cette petite économie journalière, cette *épargne*, comme on dit aussi, peut être plus tard d'un bien grand secours.

Résolutions. — 1. Je ne ferai que des dépenses utiles pour les autres et pour moi ; je ne prodiguerai rien.

2. Je me soucierai du lendemain, je penserai aux accidents possibles, aux maladies, à la vieillesse.

3. Je penserai que mon épargne peut être aussi un jour utile à ma famille.

Pensées. — Les petits ruisseaux font les grandes rivières.

Petit à petit, l'oiseau fait son nid.

L'économie est mère de la libéralité.

Mme GEOFFRIN.

L'économie contient l'indépendance et la dignité.

Un sac vide ne peut se tenir debout.

Prévoyance est mère de sûreté.

Un prévoyant est un savant.

Petits bateaux doivent suivre le rivage.

Pendant que vous êtes jeunes et forts, ménagez pour la vieillesse et la maladie.

L'expérience est une bonne école : profitons de ses leçons et songeons à l'avenir.

Qui n'appréhende rien présume trop de soi.

Chant. -- *Imprévoyance* (voir page 174).

Sujets de rédaction. — 1. Énumérez les principaux avantages de l'économie.

2. Parmi les fables de La Fontaine que vous connaissez, rappelez celles où il a le mieux dépeint la prévoyance avec ses bons effets, l'imprévoyance avec ses fâcheuses conséquences.

3. Parlez de l'utilité des caisses d'épargne et des caisses de retraites pour la vieillesse.

Problèmes moraux. — Deux ouvriers, sobres et actifs, ont les mêmes charges de famille et reçoivent le même salaire journalier. Cependant, tandis que l'un d'eux trouve moyen de mettre de l'argent de côté, l'autre ne parvient pas à faire honneur à ses affaires. Vous expliquez-vous d'où peut provenir cette différence de résultats ? Quelle est la qualité, si précieuse à l'un, qui fait si grand défaut à l'autre ?

On dit que l'aisance s'acquiert par le *travail*, *l'ordre* et *l'économie*. Celui qui ne posséderait qu'une seule de ces qualités à l'exclusion des deux autres pourrait-il parvenir au bien-être ? Discutez votre réponse.

Questionnaire. — Qu'est-ce que l'économie ? — Quels sont les biens qu'on peut économiser ? — Qu'est-ce que la prévoyance ? — Pourquoi faut-il être prévoyant ? — Qu'est-ce que l'épargne ? — Devez-vous, dès l'école, pratiquer l'épargne? — Pourquoi ?

40ᵉ Leçon. — Le jeu et les dettes.

Précepte : *Le joueur perd son temps et son argent.*

Résumé. — Le *joueur* demande au hasard les ressources qu'il n'a pas le courage de se procurer par le travail.

On *joue* d'abord pour se *délasser* et occuper ses loisirs et on en arrive bientôt à jouer uniquement par *amour du gain ;* on se laisse prendre par la *passion* redoutable du *jeu* qui, peu à peu, étouffe le sentiment du devoir, conduit à la *ruine* et au *déshonneur*, pousse souvent au *suicide.*

Suppléer à nos ressources au moyen d'*emprunts* consentis par autrui, c'est faire des *dettes*. L'emprunteur se met sous la dépendance d'autrui et aliène une partie de sa liberté.

Résolutions. — 1. Je ne contracterai pas la passion mauvaise du jeu.

2. Je n'attendrai jamais du jeu les ressources qui me sont nécessaires.

3. Autant que possible, je ne ferai pas de dettes.

Pensées. — Qui a joué jouera.

Le jeu mène fatalement à la perte et au déshonneur.

Menteur, joueur et voleur sont trois frères jumeaux.

Le jeu est une rivière dangereuse qui mène à l'Océan.

Perdre le temps à des occupations frivoles, quel travers ! le perdre à jouer, quelle démence !

L'alcool et le jeu sont les deux plaies dont la société a le plus à souffrir.

Les dettes sont des pièges dont il faut se méfier.

Qui paie ses dettes s'enrichit.

Sujets de rédaction. — 1. Distinguez entre les jeux recommandables (délassement pour l'esprit, libre exercice de nos muscles, grand air) et les jeux d'argent (passion dangereuse qui mène aux pires catastrophes).

2. Montrez le vide de l'existence du joueur, surtout préoccupé de ses pertes ou gains, et qui passe dans la vie, en oisif inutile, ne recherchant autre chose que la satisfaction de sa passion, ne s'attachant à aucune œuvre vraie, belle et bonne.

Problèmes moraux. — Votre frère aîné, ouvrier à la ville voisine, fut un jour entraîné dans une maison de jeu. Il pénétra dans l'établissement avec l'idée bien arrêtée de ne pas jouer. A la longue, intéressé par la partie, il eut envie de hasarder quelques sous. Au moment de verser son enjeu, il se rappela les leçons de l'école et quitta la salle avec précipitation, au milieu des rires et des quolibets des joueurs. A quel mobile obéissait-il ? Valait-il mieux jouer une partie que de s'exposer à des moqueries? Justifiez votre opinion

La morale nous recommande d'éviter les dettes parce qu'elles nous feraient perdre notre indépendance et amoindriraient notre dignité. A ce titre le commerçant, la société, ou l'État qui empruntent, méritent-ils moins de confiance et de considération que le commerçant, la société ou l'État qui se suffisent avec leurs propres ressources? Faites les distinctions nécessaires.

Questionnaire. — Quels sont les jeux qu'il faut éviter ? — Comment devient-on joueur ? — Quelles sont les funestes conséquences de la passion du jeu ? — Qu'est-ce que faire des dettes ? — Faut-il faire des dettes? — Comment l'emprunteur aliène-t-il une partie de sa liberté ?

41° Leçon. — **Le travail.**

Précepte : *L'homme est né pour travailler.*

Résumé. — Pour acquérir les *biens extérieurs* nécessaires à la vie, il faut dépenser son activité. Le *travail*, soit *manuel*, soit *intellectuel*, est à la fois une *nécessité* et un *devoir*. Il s'impose à tous. « Les champs qui se couvrent de moissons travaillent, les forêts dans leur poussée lente travaillent, les fleuves ruisselant le long des vallées travaillent, les mers roulant leurs flots d'un continent à l'autre travaillent... Il n'est pas un être, pas une chose qui puisse s'immobiliser dans l'*oisiveté ;* tout se trouve entraîné, mis à l'ouvrage, forcé de faire sa part de l'œuvre commune. Quiconque ne travaille pas disparaît par là même, est rejeté comme inutile et gênant... »

ZOLA.

Résolutions. — 1. Je veux acquérir le goût du travail.

2. Je ne perdrai pas mon temps.

3. Je ferai toujours quelque chose d'utile.

Pensées. — Le travail est un puissant remède contre tous les maux.

Le travail est une condition première de succès.

Le travail rend la propriété sacrée, et c'est le respect dû à la personne qui rend sacré le travail lui-même.

BAUDRILLART.

Prenez vos outils sans mitaines ; chat ganté ne prend pas de souris.

Les petits coups font tomber les grands chênes.

Le travail, c'est la liberté.

L'homme le plus heureux, c'est le plus occupé.

Qui ne veut pas travailler ne doit pas manger.

<blockquote>Travaillez, prenez de la peine :
C'est le fonds qui manque le moins.</blockquote>

Dans tous les âges de la vie, l'amour du travail, le goût de l'étude sont un bien.

MARMONTEL.

Forcez les hommes au travail et vous les rendrez honnêtes gens.

VOLTAIRE.

Dans le travail, on chasse l'ennui, on ménage le temps, on guérit la langueur de la paresse et les rêveries de l'oisiveté.

BOSSUET.

Le travail éloigne de nous trois grands maux : l'ennui, le vice et le besoin.

VOLTAIRE.

L'oisiveté va si lentement que la pauvreté l'atteint bientôt.

Le fruit du travail est le plus doux des plaisirs.

VAUVENARGUES.

La vraie gloire et la vraie noblesse sont celles qu'on acquiert soi-même par son travail et son mérite.

Le plaisir fatigue, le repos ennuie, le travail occupe.

BOISTE.

L'ennui est entré dans le monde par la paresse.

LA BRUYÈRE.

Avec de l'ordre et du temps, on trouve le secret de tout faire et de tout bien faire.

PYTHAGORE.

Pour peu que vous aimiez la vie, ne gaspillez pas le temps, car c'est l'étoffe dont la vie est faite.

FRANKLIN.

Chants. — *L'aiguille* (voir page 175).

Travaillons (voir page 176.)

Sujets de rédaction. — 1. Montrez la nécessité de la persévérance dans le travail.

2. Heureuse influence du travail sur le corps et l'esprit, et sur les membres d'une même société.

3. Traduisez en prose la fable de La Fontaine : Le laboureur et ses enfants, et faites-en ressortir la moralité.

Problèmes moraux. — Un jeune homme ayant l'air bien portant est venu demander l'aumône à votre porte. Votre père lui a offert du travail. Mais le jeune mendiant lui a répondu par un refus catégorique et s'est retiré sans avoir rien reçu. Quelques jours après, une vieille femme de chétive apparence est venue vous supplier de lui donner un morceau de pain en échange de l'ouvrage qu'on voudrait bien lui commander. Votre père l'a fait entrer, lui a servi à manger, mais ne l'a pas occupée. A quels sentiments ont obéi ces deux indigents et comment vous expliquez-vous la conduite de votre père à leur égard ?

Certaines personnes croient que le travail des mains est moins noble et mérite moins de considération que celui de l'esprit. Êtes-vous de cet avis ? Ne pensez-vous pas, au contraire, que la patrie, comme l'humanité, a besoin du concours et du travail de tous les hommes sans distinction, qu'ils soient cultivateurs, ouvriers, artistes, écrivains ou savants ?

« Je n'ai pas besoin de m'instruire, disait un écolier, fils de parents riches, et quand je serai grand, je n'aurai pas à travailler pour vivre. » Un camarade lui répondit : « Quoi que j'aie la certitude d'être riche plus tard, je veux bien m'appliquer à l'école afin de pouvoir remplir un rôle utile dans la vie. » Lequel de ces deux propos mérite votre approbation, et pourquoi ?

Questionnaire. — Qu'est-ce que le travail — le travail manuel ? — le travail intellectuel ? — Le travail est-il une loi universelle ? — Montrez-le à l'aide d'une énumération. — Pourquoi l'individu et la société ne pourraient-ils exister sans le travail de chacun ?

III. — L'AME

42e Leçon. — **Devoirs envers l'âme.**

Précepte : *Je ne connais pour l'homme qu'une élévation véritable, c'est l'élévation de l'âme.*

CHANNING.

Résumé. — L'homme doit se préoccuper, en même temps que de l'accomplissement de ses devoirs envers le corps, de la culture raisonnée de ses *facultés morales : sensibilité, intelligence, volonté ;* ce sont ses *devoirs envers l'âme.*

La *sensibilité* est la faculté de recevoir des *impressions ; l'intelligence,* la faculté de *comprendre et de juger ;* la *volonté,* la faculté de prendre et de réaliser des *déterminations.*

Les animaux ont une faculté qui ressemble à l'intelligence : c'est l'instinct, mais ils ne sont pas susceptibles de le développer eux-mêmes comme l'homme peut développer les facultés de l'âme.

L'âme est bien le propre de la nature humaine.

Ce qui fait la *valeur morale* d'une personne, ce n'est pas sa fortune, représentée par ses biens extérieurs, son influence, ses titres ; c'est la qualité de l'effort accompli pour développer les facultés de son âme.

Résolutions. — 1. Je travaillerai constamment à la culture de mes facultés morales.

2. Je m'appliquerai à connaître les facultés de mon âme et à leur donner la force de me faire accomplir tous mes devoirs.

3. Je ne veux pas qu'on puisse dire de moi : «C'est une personne qui manque de caractère. »

Pensées. — Conservons notre âme toujours pure.

Ce qu'il y a de plus rare dans la société humaine, ce sont les gens qui savent vouloir.

L'âme de Socrate a été belle, bonne et grande.

Je voudrais ne mène à rien, *je veux* est seul efficace.

Les yeux sont les miroirs de l'âme.

Il faut se proposer en exemple quelque homme de bien, et l'avoir toujours devant les yeux, afin de vivre comme s'il était présent, et de faire toutes choses comme s'il vous regardait.

SÉNÈQUE.

Chant. — *La perle* (voir page 169).

Sujets de rédaction. — 1. Quelles sont les petites victoires qu'un enfant de votre âge peut remporter sur ses mauvais penchants?

2. Le maître vous a dit comment Franklin avait fait l'apprentissage de la vertu ; il vous a lu le plan suivi par ce grand homme pour arriver à la perfection morale. Rappelez ces faits, que vous ferez suivre d'une brève appréciation.

3. Reproduisez d'une façon sommaire la leçon qui vous a été faite sur les devoirs envers l'âme.

Problèmes moraux. — Un jeune homme très laborieux travaille opiniâtrément au développement complet de sa personnalité morale, et ses efforts sont couronnés de succès. Mais il ne se préoccupe pas du tout de la culture de son être physique, et en même temps que s'affirme son amélioration morale, peu à peu, sa santé s'altère. Ce jeune homme met-il dans l'effort accompli le juste équilibre qui est nécessaire pour arriver à la culture intégrale de toutes nos facultés ? — Comment devrait-il comprendre son éducation ?

Franklin voulant atteindre le plus rapidement possible la perfection morale si difficile à acquérir, raconte ainsi sa tentative : « Je réunis sous douze noms de vertus ce qui, à cette époque, me paraissait nécessaire ou désirable... Je jugeai qu'il serait mieux de fixer mon attention d'abord sur une seule, et quand j'en serai maître, de passer à une autre, et ainsi de suite, jusqu'à ce que j'eusse passé les douze en revue. » Cette méthode valait-elle mieux que cette autre qu'il ne voulut pas suivre et qui aurait consisté à porter son attention sur les douze vertus à la fois ? — Pourquoi ?

Questionnaire. — Quelles sont les facultés morales ? — Définir la sensibilité et la volonté. — Qu'est-ce que l'intelligence ? — Chez les animaux, quelle faculté se rapproche le plus de l'intelligence humaine ? — A quoi reconnaît-on la vraie grandeur morale ?

43° Leçon. — **Devoirs relatifs à la sensibilité.**

Précepte : *L'homme qui ne sait pas se modérer est comparable à une machine sans direction.*

Résumé. — Grâce à la *sensibilité*, l'homme éprouve des

émotions : le *plaisir* le rend heureux, la *douleur* le fait souffrir. Mais, selon les hommes, la sensibilité est plus ou moins aiguisée et cultivée: le même plaisir ne produit pas le même bonheur; la même douleur ne nous éprouve pas tous également. Il est des *cœurs secs* et des *âmes dolentes ;* il est des *imaginations frivoles* et des *esprits indifférents.* Il faut se garder des *excès de la sensibilité* dans un sens ou dans l'autre, et il faut aussi se défendre des *passions dangereuses* pour la sensibilité : l'orgueil, l'ambition, la haine, la colère, capables de nous faire agir contre notre *raison* et contre nos *devoirs.*

Résolutions. — 1. Je n'émousserai jamais ma sensibilité par l'abus du plaisir.

2. Je ne me renfermerai pas dans les douleurs qui m'attendent dans la vie ; j'en garderai le souvenir, mais je les surmonterai toujours par ma volonté.

3. Je ne me laisserai pas aller à l'orgueil, à l'ambition, à la vanité, à la colère et à la haine.

Pensées. — Les premiers jougs blessent les jeunes bœufs.

L'homme est un apprenti, la douleur est son maître,
Et nul ne se connaît tant qu'il n'a pas souffert.

A. DE MUSSET.

J'eus le malheur pour maître ; il m'a beaucoup appris.

Pas de rose sans épines, pas de ciel sans nuage, pas de bonheur parfait ici-bas.

Pas de médaille sans revers.

Sourions même à nos peines : nul mérite sans peine.

Heureux celui qui goûte son devoir, celui qui va de bon cœur à sa tâche de chaque jour.

BERSOT.

La résignation dans l'épreuve est l'œuvre d'une grande âme.

En toutes choses, faire ce qui dépend de soi, et pour le reste, être ferme et tranquille.

> Il est, petit oiseau, des maux et des épines,
> Que du front et du cœur on ne peut arracher.
>
> Hégésippe MOREAU.

Chant. — *La harpe d'or* (voir page 177).

Sujets de rédaction. — 1. Commentez ces deux vers d'Alfred de Musset :

> L'homme est un apprenti, la douleur est son maître,
> Et nul ne se connaît tant qu'il n'a pas souffert.

2. Vous êtes sous le coup d'un grand chagrin. Quels moyens emploierez-vous pour regagner votre tranquillité d'esprit ?

3. Montrez, à l'aide d'exemples, la différence qui existe entre la sensibilité physique et la sensibilité morale.

Problèmes moraux. — Jules pleurniche pour la moindre égratignure, la plus légère bousculade et se plaint pour le malaise le plus insignifiant. Son camarade Pierre, dont la sensibilité est modérée par la volonté, agit d'une façon bien différente. Il refoule ses larmes, cherche à maîtriser sa souffrance, lorsqu'il est frappé ou blessé par accident. Comment qualifiez-vous l'attitude de chacun de ces enfants ? Laquelle est la plus conforme à la dignité humaine ?

Un écrivain a dit : « Il n'y a pas de condition si dure où un homme raisonnable ne trouve quelque consolation. » Êtes-vous de cet avis ? Croyez-vous par exemple qu'un ouvrier pauvre, chargé de famille, manquant souvent du nécessaire puisse trouver des satisfactions dans son état ? Lesquelles ?

Questionnaire. — Qu'appelle-t-on émotions ? — Les émotions sont-elles identiques chez tous les hommes ? Pourquoi ? — Quels sont les principaux devoirs relatifs à la sensibilité ? — Citez les passions humaines les plus redoutables. — Dans quel but faut-il apprendre à modérer ses sensations ?

44e Leçon. — **L'orgueil et la modestie**.

Précepte : *L'ignorance donne de l'orgueil et le savoir nous rend modeste.*

Résumé. — Notre premier devoir envers l'âme est d'apprendre *à nous connaître*.

Certes, nous avons le droit d'être fiers de notre qualité d'homme, fiers de notre raison, de notre volonté libre et de notre responsabilité ; mais il ne faut pas renchérir sur nos mérites et nous *aveugler* sur nos *défauts*. *L'orgueil*, qui porte à croire les autres au-dessous de soi, ferait de nous des êtres *ambitieux* et tyranniques ou des individus *ridicules* et insupportables.

Avoir conscience de nos défauts et de nos qualités est le premier moyen de combattre l'orgueil.

La *modestie* est une des plus belles vertus qu'il faille s'efforcer d'acquérir. Elle proscrit autant le *servilisme* qu'elle condamne la *vanité*, une des formes de l'orgueil.

Résolutions. — 1. Je me montrerai fier de ma qualité d'être raisonnable et libre, en faisant un noble usage de ma raison et de ma volonté.

2 Je ne serai ni orgueilleux ni vaniteux.

3. Je m'efforcerai d'être modeste sans jamais tomber pour cela dans le servilisme.

Pensées. — De tous les défauts, le plus dangereux peut-être, c'est l'orgueil.

L'orgueil est un vice qui mène à tous les autres.

L'orgueil est un sentier trompeur, où l'aveugle se perd.

Qui prétend savoir tout prouve qu'il ne sait rien.

L'orgueil est l'estime exagérée de soi-même, jointe au mépris des autres.

Quand orgueil chevauche devant, honte et dommage suivent de près.

L'orgueil rend ridicule et misérable.

Quels que soient vos talents, soyez modeste.

Il faut mériter les louanges et les fuir.

La modestie est à la vertu ce qu'un voile est à la beauté : elle en fait ressortir l'éclat.

Les belles actions cachées sont les plus estimables.

La modestie rehausse le mérite et le rend plus estimable.

La modestie est l'ornement du mérite ; elle lui donne de la force et du relief.

La femme modeste est un trésor dans la société.

Sujets de rédaction. — 1. L'orgueil ; ses causes ; ses effets. Insistez particulièrement sur les effets de l'orgueil et prenez des exemples dans la vie ordinaire et dans l'histoire (l'orgueil d'un Louis XIV et d'un Napoléon).

2. Le maître vous a lu une page de La Bruyère sur l'orgueilleux. Aidez-vous des souvenirs de cette lecture pour faire le portrait de l'orgueilleux.

Problèmes moraux. — Il y a des gens qui ont la manie de toujours parler d'eux, de leur fortune, de leurs avantages et de leurs mérites personnels. Il y en a d'autres qui s'effacent et s'humilient à l'excès, qui condescendent à toutes les bassesses, toutes les platitudes et paraissent ne pas avoir conscience de leur servilité. Que pensez-vous de ces deux catégories de gens ? Quelle est la juste mesure à garder ?

Un voyageur, de passage dans une petite localité, remarqua un jour deux petits garçons de mise recherchée qui jouaient ensemble sur la place publique et un troisième de modeste tenue qui les regardait faire. « Pourquoi, dit le voyageur à ce dernier, ne jouez-vous pas avec vos petits camarades ? — Hélas, Monsieur, répondit-il, ils ne me veulent pas dans leurs jeux parce que je suis trop pauvre et trop mal vêtu. » Le mépris affecté par les deux enfants riches à l'égard de l'enfant pauvre était-il juste et sensé ? Qu'auraient dû faire les deux premiers envers le troisième ?

« L'orgueil et la vanité, dit un proverbe, nous coûtent plus que la faim, la soif et le froid. » Est-ce vrai ? Pourquoi et comment ? Ne vaut-il pas mieux être riche sans ostentation que pauvre et faire parade de sa modestie ?

Questionnaire. — Qu'est-ce que l'orgueil ? — Pourquoi les orgueilleux sont-ils haïssables ? — Quelles sont les conséquences de l'orgueil ? — Peut-on se corriger de l'orgueil ? — Qu'est-ce que la modestie ? — Pourquoi aime-t-on les personnes modestes ? — Dans quel excès de modestie faut-il éviter de tomber? — Qu'est-ce que la vanité ?

45e Leçon. — La colère.

Précepte : *Patience et longueur de temps*
Font plus que force ni que rage.

LA FONTAINE.

Résumé. — La *colère* est « une courte folie » qui met l'homme *hors de lui-même*, lui fait prononcer des *paroles ridicules* et *commettre* souvent des *actes regrettables*. On se met généralement en colère à la suite d'une contrariété. Mais on a toujours tort de s'emporter, car la colère aggrave les maux dont on souffre. De plus elle *aigrit le caractère* et peut avoir pour nous-mêmes et nos semblables des *conséquences très fâcheuses*. C'est une des *passions* les plus *dangereuses* pour la sensibilité.

On se guérit de la colère en s'efforçant de rester *maî-tre de soi*, d'être *calme* et *patient*. Il ne faut jamais agir sous l'impulsion du premier mouvement qui naît d'une contrariété.

Résolutions. — 1. Je n'aurai pas pour les injures le ressentiment que je croirai qu'elles méritent. (*Carnet de Franklin.*)

2. Je n'agirai pas sous l'influence de la colère. J'attendrai qu'un peu de calme se soit fait dans mon esprit.

3. Je m'habituerai à être patient et à supporter dès à présent les petites contrariétés de ma vie d'écolier.

Pensées. — Le grand remède de la colère, c'est le temps qui amortit le premier feu.

Pendant que le pouls nous bat et que nous nous sentons émus, remettons la partie ; les choses nous sembleront à la vérité autres, quand nous nous serons refroidis.

Montaigne.

L'égalité d'humeur est un secours dans certains cas ; dans d'autres, elle est un ornement ; dans d'autres, un bonheur de plus ; par sa douce influence, elle triomphe de la colère et de toute aigreur.

Plutarque.

La colère commence par la folie et finit par le repentir.

Ne fais rien dans la colère ; mettrais-tu à la voile dans la tempête ?

La colère avilit l'homme en le rendant semblable à la bête.

Sujets de rédaction. — 1. La colère, ses effets et ses conséquences.

2. Dans un violent accès de colère, votre condisciple Léon a

frappé brutalement son meilleur ami et lui a crevé un œil.
Racontez cette scène. (Vous dépeindrez les regrets de Léon et la
douleur des parents de la victime.)

3. Comparez un enfant doux et patient à un enfant colère, et
dites pourquoi vous préférez la compagnie du premier à celle du
second.

Problèmes moraux. — « Un jour, en arrivant auprès d'une chaumière, raconte Mme de Genlis, je vis un petit paysan qui en battait un autre beaucoup plus grand et plus âgé que lui ; l'aîné de ces enfants se contentait d'éviter les coups et n'en portait aucun. » Sous l'empire de quelle passion le premier agissait-il ? Vous expliquez-vous pourquoi l'autre, étant le plus fort, ne ripostait pas ?

Votre chien, en jouant, a brisé un objet auquel vous teniez beaucoup. Devez-vous céder à la colère et infliger une verte correction au pauvre animal ; ou bien, tout en déplorant l'accident, mettre le chien dehors sans le frapper ?

Au dire de François, la colère est un soulagement pour les nerfs surexcités. D'après Louis, elle est au contraire toujours suivie de malaise. Discutez ces deux affirmations et tirez-en une conclusion.

Questionnaire. — Qu'est-ce que la colère ? — L'homme en colère sait-il ce qu'il dit et ce qu'il fait ? — A quelles terribles conséquences cette passion si redoutable peut-elle conduire ? — Que devez-vous faire si un camarade vous provoque ? — Quelles sont les deux principales qualités opposées à la colère ?

46ᵉ Leçon. — **Devoirs relatifs à l'intelligence.**

Précepte : *Devrais-tu vivre un siècle, apprends toujours.*

Résumé. — La *culture* de l'*intelligence* s'impose à tous.

Nul n'a le droit de s'abstenir de fortifier sa conscience et sa raison.

Il faut *s'instruire* d'abord. L'étude élargit le cercle des *connaissances acquises,* détruit l'*ignorance*, dissipe les *erreurs*, les *superstitions* et les *préjugés*.

On doit encore s'accoutumer à *réfléchir* et à *raisonner*, à *discerner* le bien du mal, le vrai du faux, le juste de l'injuste.

Il appartient ensuite à chacun de mettre son intelligence cultivée et agrandie au service de toutes les causes justes, belles et bonnes.

Résolutions. — 1. Je m'instruirai afin de cultiver mon intelligence.

2. Je m'habituerai à raisonner avant d'agir pour bien distinguer le bien du mal.

3. Je ne partagerai l'opinion des autres qu'après m'être assuré qu'elle est conforme au bon sens et à la raison.

Pensées. — La recherche de la vérité est le but principal de l'homme de bien.

L'amour du vrai, du beau, du bien sont les seuls véritables.

Cherchez et vous trouverez, frappez à la porte et l'on vous ouvrira.

Évangile.

L'intelligence s'accroît par l'instruction.

Il faut exercer son intelligence sérieusement sur des objets sérieux, avec droiture sur des choses honnêtes, avec sincérité sur des œuvres sincères.

V. DE LAPRADE.

Le savoir est un dangereux glaive qui empêche et offense son maître, s'il est en mains faibles et qui n'en sachent l'usage.

MONTAIGNE.

L'esprit se nourrit et se fortifie par les sublimes vérités que l'étude lui fournit.

ROLLIN.

Chant. — *Nulle jouissance sans travail* (voir page 179).

Sujets de rédaction. — 1. Montrez la fâcheuse influence que la fréquentation des personnes de véracité douteuse peut exercer sur des gens honnêtes et sincères.

2. Établissez la nécessité de l'étude pour tous et dites quels grands avantages on peut retirer de la culture de son intelligence.

Problèmes moraux. — Victor de Laprade a dit : « De deux hommes également doués à leur naissance, le plus intelligent, dans l'âge mûr, sera celui qui aura le plus étudié et le plus amassé de connaissances diverses ». Partagez-vous cette opinion ? — Par quelles raisons justifierez-vous votre réponse ?

Vous expliquez-vous pourquoi des milliers de jeunes gens auxquels la fortune paternelle offre toutes les ressources désirables pour s'instruire (les professeurs les plus dévoués, les livres les meilleurs, etc.) dédaignent ces facilités et ne font rien que de très médiocre? Et pourquoi, à côté, des écoliers et des étudiants pauvres, des adultes qui consacrent leurs loisirs et leurs veilles à compléter leur instruction, avec moins d'auxiliaires, sans des secours aussi précieux, peuvent arriver à de merveilleux résultats?

Questionnaire. — A-t-on le droit de ne pas cultiver son intelligence ? — Quels sont les avantages de l'instruction ? — Suffit-il d'être instruit pour prétendre à une culture intégrale de l'intelligence ? — Quelles autres facultés de l'intelligence faut-il développer parallèlement à l'acquisition des diverses connaissances? — Quel usage faut-il faire d'une intelligence éclairée ?

47e Leçon. — L'ordre.

Précepte : *L'ordre, c'est du temps et de l'argent. Avec l'ordre et la méthode, pas de tâche impossible.*

Résumé. — *L'ordre* consiste à donner une place à chaque chose, à mettre chaque chose à sa place, à apporter du soin dans ses actions et de la méthode dans ses idées.

Les *avantages* de l'ordre sont nombreux : il fait *durer* les objets plus longtemps ; il permet de les retrouver plus vite ; *soulage* ainsi la *mémoire*, *ménage le temps* et évite les ennuis des longues recherches. C'est à l'école et dans la famille qu'il faut acquérir les premières *habitudes d'ordre* en ayant soin de ses vêtements, de ses livres, de ses cahiers, etc. Il faut apprendre en même temps à mettre de l'ordre dans ses idées pour apporter de l'esprit de suite dans ses actions.

L'enfant *désordonné* est détestable : il égare livres et cahiers, il n'est pas soigné dans sa tenue, il n'inspire pas confiance, on n'a guère de sympathie pour lui.

Résolutions. — 1. J'assignerai à chacune de mes affaires une part de mon temps. (*Carnet de Franklin.*)

2. Je fixerai une place pour chaque chose.

3. Je ferai tout avec soin.

Pensées. — L'ordre et l'économie donnent la fortune.

Voulez-vous prolonger la durée d'un objet? Soignez-le.

En mettant de l'ordre dans votre ménage, vous multipliez vos richesses.

Le vêtement rapiécé fait honneur à la femme de celui qui le porte.   FRANKLIN.

L'ordre a trois avantages : il soulage la mémoire, il ménage le temps, il conserve les choses.

Ordre et travail nous apportent aisance et contentement.

Rien ne sert de courir; il faut partir à point.   LA FONTAINE.

Avec de l'ordre et de la méthode, on trouve le secret de tout faire et de tout bien faire.   PYTHAGORE.

L'ordre va avec poids et mesure; le désordre est toujours pressé.

BONALD.

Établissez l'ordre, l'habitude l'entretiendra.

LÉVIS.

Que chaque chose ait sa place et chaque affaire son temps.

Sujets de rédaction. — 1. Développez cette pensée : « L'ordre a trois avantages : il ménage le temps; il soulage la mémoire; il conserve les choses. »

2. De l'ordre dans l'école, son importance.

3. Établissez un parallèle entre l'élève qui a de l'ordre et celui qui n'en a pas.

Problèmes moraux. — Deux enfants sont également robustes, intelligents et travailleurs, mais l'un manque d'ordre tandis que l'autre fait tout avec soin et méthode. Lequel à votre avis a chance d'arriver aux meilleurs résultats à l'école et dans la vie ? Justifiez votre opinion.

Votre maître vous a parlé, en plusieurs circonstances, de l'ordre et de ses avantages. Vous désiriez depuis longtemps acquérir cette précieuse qualité ; mais jusqu'à présent une volonté ferme vous a manqué. Néanmoins, après maints tâtonnements, vous prenez une résolution : quelle est-elle ? Quels moyens emploierez-vous pour la tenir ?

« Ordre et travail nous apportent aisance et contentement. » Beaucoup d'ouvriers vivent au jour le jour, ne songeant à ordonner ni leur maison, ni leur travail, ni leurs dépenses, prétextant qu'il suffit de travailler pour vivre. Partagez-vous leurs opinions, ou pensez-vous que l'ordre est une qualité indispensable? Prouvez la vérité ou la fausseté de ces deux raisonnements.

Questionnaire. — En quoi consiste l'ordre ? — Quels avantages nous procure cette qualité ? — Comment l'enfant peut-il acquérir des habitudes d'ordre, dans la famille et à l'école? — Quelles sont les conséquences du désordre ?

48e Leçon. — **Véracité et sincérité. Le mensonge.**

Précepte : *On ne peut pas toujours dire tout ce qu'on pense, mais il faut toujours penser ce que l'on dit.*

Mentir, c'est cacher volontairement la vérité pour tromper.

« Le premier de nos devoirs est l'amour de la vérité.

La conscience de l'homme n'a de repos que dans la *vérité*. Celui qui ment, même quand il ne viendrait pas à être découvert, porte en lui-même la punition de son mensonge : il sent qu'il *trahit un devoir* et qu'il se *dégrade*.

Pour ne pas prendre la vile habitude de mentir, il n'y a pas d'autre moyen qu'une ferme résolution de ne jamais mentir. Si l'on fait une seule exception à cette résolution, il n'y aura pas de raison pour n'en pas faire deux, pour n'en pas faire cinquante, pour n'en pas faire à l'infini. Et c'est ainsi qu'on finit par devenir horriblement enclin à *feindre*, à *exagérer* et même à *calomnier*. » (Silvio PELLICO.)

La *flatterie* est une forme du mensonge.

Résolutions. — 1. Je n'userai d'aucun détour pour déguiser ma pensée.

2. J'aurai l'amour de la vérité jusque dans les plus petites choses.

3. Si je parle, je parlerai comme je pense.
(Carnet de Franklin.)

Pensées. — Mentir, c'est voler à autrui la vérité à laquelle il a droit.
CARRAU.

Il faut bonne mémoire, après qu'on a menti.
CORNEILLE.

Celui qui a été une fois convaincu de mensonge, n'obtient plus nulle créance : sa parole ne compte pas.

Un menteur est pire qu'un voleur.

Le mensonge est un maudit vice ; nous ne sommes hommes, et ne tenons les uns aux autres que par la parole.

MONTAIGNE.

« C'était un homme vrai. »

BOSSUET.

Le fait que les Kurubars (Inde Centrale) disent toujours la vérité a passé en proverbe.

La flatterie est un commerce honteux de mensonge qui n'est utile qu'au flatteur.

THÉOPHRASTE.

La flatterie est un commerce de mensonge fondé sur l'intérêt et sur la vanité.

> Détestables flatteurs, présent le plus funeste
> Que puisse faire aux rois la colère céleste.
>
> RACINE.

Tout menteur est un animal traître et odieux.

BOSSUET.

Le mensonge est le serviteur complaisant des défauts et des vices.

VESSIOT.

La langue d'un muet vaut mieux que celle d'un menteur.

La franchise ennoblit, le mensonge avilit.

VESSIOT.

On ment le plus souvent pour échapper à un châtiment qu'on mérite.

La fausseté est indigne d'un homme libre.

Quand tu as envie de mentir, abstiens-toi de parler.

Mentir par complaisance ou par crainte est le propre d'un lâche.

Le règne du menteur est de courte durée.

Sujets de rédaction. — 1. Le mensonge. — Les motifs qui poussent au mensonge. — Les diverses formes du mensonge. — Les conséquences du mensonge pour celui qui trompe et pour celui qui est trompé.

2. Mettez en prose la fable de la Fontaine : Le renard et la cigogne.

3. On ment par vanité, par intérêt ou par lâcheté. Quelle est, de ces trois formes du mensonge, celle qui vous paraît la plus vile ? Donnez vos raisons.

Problèmes moraux. — Louis, intimement lié avec Jean, commet une faute devant celui-ci, assuré que son meilleur camarade ne le trahira pas. Aux questions du maître qui demande des explications sur l'incident dont il est saisi, Louis, abusant de la discrétion de son ami, nie le fait qui lui est imputé, et accuse un de ses camarades d'en être l'auteur. Jean, pour ne pas faire punir Louis, laisse le maître infliger un pensum au camarade accusé qui ne peut se défendre. Approuvez-vous ces procédés ? Qu'auriez-vous fait : 1° si vous aviez été à la place de Louis ? 2° si vous aviez été à celle de Jean ?

« Ne mentez jamais, même en plaisantant, pour n'en pas contracter l'habitude », a dit un écrivain. Pensez-vous que celui qui ment d'abord pour plaisanter puisse devenir un grand menteur ? Le mensonge pour rire peut-il être toléré, quoique, à première vue, il paraisse moins grave que les autres sortes de mensonge ? Pourquoi ?

Questionnaire. — Qu'est-ce que le mensonge ? — Quelles sont les principales formes du mensonge ? — Qu'arrive-t-il presque toujours au menteur ? — Quand un élève a commis une faute, doit-il l'avouer ou laisser soupçonner ses camarades ? — Que faut-il faire pour éviter le mensonge ? — Doit-on penser ce qu'on dit ? — Faut-il dire tout ce qu'on pense ? — Pourquoi ?

49° Leçon. — Devoirs relatifs à la volonté : le caractère.

Précepte : *Il faut qu'on se propose avec fermeté de s'affranchir, qu'on travaille à se dégager de tout ce qu'on trouve de mauvais dans sa vie.*

CHANNING.

Résumé. — Il faut *connaître ses défauts* et *apprendre* son *devoir* pour développer en soi une personnalité morale, droite et forte. Mais cela ne suffirait point.

Il faut vouloir fermement cultiver son âme, et ne pas se laisser aller aux *petites fautes* qui en entraînent d'autres inévitablement, et mettent sur le chemin du mal. *Apprendre à vouloir, tout est là.*

On dit d'un homme qui sait vouloir qu'il a du *caractère*.

La volonté peut quelquefois accomplir des choses réputées impossibles.

L'enfant, l'adulte, l'homme qui *veulent* résolument être *bons*, être *vrais*, être *justes* auront souvent à lutter contre de mauvais instincts. Si ce combat continuel est parfois rude, s'ils ne parviennent pas du premier coup à *maîtriser* leurs *penchants*, qu'ils ne se découragent point : on s'élève par degrés, par étapes successives à la *bonté* et à la *vertu*.

Résolutions. — 1. Je désire vivre sans commettre aucune faute et me défendre de toutes celles auxquelles une disposition naturelle, les habitudes ou la société pourraient m'entraîner.

(Carnet de Franklin.)

2. J'apprendrai à « vouloir » tout ce qu'il y a de bon, de vrai, de juste.

3. Quand je me serai proposé quelque chose en vue de mon amélioration morale, je ne me laisserai décourager par rien, tant que je n'aurai pas atteint mon but.

Pensées. — *Je voudrais* ne mène à rien ; *je veux* est seul efficace.

A. VINET.

Vouloir, c'est pouvoir.

Nul ne peut être juste s'il craint la mort, la douleur, l'exil et le besoin.

CICÉRON.

Le vrai courage n'affronte que les dangers nécessaires ; il est modeste, calme et réfléchi.

La volonté appliquée à bien faire est une condition première de succès.

Quand le cœur commande, la volonté est toujours obéissante.

Je voudrais mais je ne puis ; je veux et je peux.

On ne parvient à rien de grand sans qu'il en coûte beaucoup.

C'est la lutte et non le repos qui fait les forts.

Jacques CŒUR.

Persévérance vaut mieux qu'adresse.

Tout vient à point pour qui a la volonté d'attendre.

Il y a peu de choses impossibles d'elles-mêmes, et l'application pour les faire réussir nous manque plus que les moyens.

LA ROCHEFOUCAULD.

Il est inouï ce qu'on fait avec le temps, quand on a la patience de l'attendre et de ne pas se décourager.

LACORDAIRE.

On ne va pas bien loin quand on change tous les jours de route.

BALLANCHE.

Si tu viens d'échouer, recommence.

MARC-AURÈLE.

L'inconstant est semblable à la girouette qui change de direction au moindre souffle.

No soyons pas découragés; ce serait être vaincus : la persévérance vient à bout de tout.

BARRAU.

Les grands travaux s'exécutent non par la force, mais par la persévérance.

Sujets de rédaction. — 1. Développer cette parole du Talmud [1] : « Un mauvais penchant n'est d'abord qu'un passant dans notre âme ; puis il devient un hôte, puis enfin il commande en maître. »

2. Comment entendez-vous travailler à votre perfection morale ? — Vers quel but ferez-vous surtout tendre vos efforts ?

Problèmes moraux. — Un de vos camarades, qui est très étourdi, ne pense jamais aux conséquences des fautes qu'il commet. Croyez-vous qu'il serait déjà meilleur s'il en arrivait à réfléchir au mal qu'il fait et à condamner en lui-même ses mauvaises actions ? Justifier votre réponse.

Jacques voulait être le premier de la classe et travaillait pour cela assidûment. Malheureusement, il n'a pas encore réussi cette fois-ci. Pensez-vous qu'il doit abandonner la partie ou redoubler d'efforts ? La ferme volonté d'arriver le fera-t-elle atteindre son but ? Pourquoi ?

Questionnaire. — Pourquoi faut-il d'abord, quand on poursuit son développement moral, s'attacher à la connaissance de son devoir ? — Cette connaissance suffit-elle ? — Que faut-il encore ? — Pourquoi est-il dangereux de se laisser aller à de petites faiblesses de volonté ? — Doit-on se laisser décourager par la lenteur des progrès réalisés dans son perfectionnement moral ?

80e Leçon. — Le Courage.

Précepte : *A cœur vaillant, rien d'impossible.*

Jacques COEUR.

Résumé. — Être *courageux*, c'est ne pas hésiter en toutes

---

[1] Le *Talmud* est le livre sacré des Juifs.

circonstances à faire son devoir tout entier, sans se laisser arrêter par les conséquences douloureuses et pénibles qu'il peut parfois en résulter pour nous. Se dérober à l'obligation morale, c'est manquer de courage ; c'est être un *lâche.*

La peur et la poltronnerie sont l'apanage des esprits faibles ; de bonne heure, un enfant doit s'habituer à vaincre la peur par le raisonnement et la volonté.

L'écolier qui réclame la *responsabilité* d'une faute commise, l'homme qui *résiste* aux entraînements de ses passions, le soldat qui *défend* le sol de sa patrie contre les envahisseurs, l'homme qui protège son semblable, le citoyen qui s'élève contre les abus de la force et refuse de se soumettre aux *iniquités* et aux *tyrannies* font preuve de courage. L'écolier fait acte de *courage personnel*, le soldat fait acte de *courage militaire*, le citoyen fait acte de *courage civique.*

Celui qui a l'habitude du courage a du sang-froid et de la présence d'esprit. Devant le danger il ne s'affole pas et voit tout de suite le moyen d'y échapper ou de sauver ses semblables.

Le courage véritable exclut la *témérité* et la *fanfaronnade ; il est digne.* Le plus bel acte de courage n'est pas celui qui fait le plus de bruit ; il est bien des actes de courage restés obscurs et qui furent simplement héroïques.

Résolutions. — 1. Je ferai acte de courage dans ma vie d'écolier en résistant aux mauvais exemples, en protégeant mes camarades plus jeunes et les sauvant du danger le cas échéant, en m'habituant à supporter les petites misères et les petites souffrances, en m'appliquant au travail et à l'étude.

2. Je ne serai ni fanfaron ni téméraire.

3. J'admirerai et je m'efforcerai d'imiter tous ceux qui n'écoutent ni la voix de la peur ni celle de l'intérêt et qui obéissent toujours à leur conscience.

Pensées. — Courage, pour vaincre l'égoïsme et devenir bienfaisant ; courage pour vaincre votre indolence et avancer dans toutes les voies honorables ; courage, pour défendre la patrie et protéger votre semblable ; courage pour résister au mauvais exemple et aux injures, courage pour endurer les maladies et les peines, courage pour aspirer à la perfection.

Le courage doit élever le cœur et l'exciter à la conquête de toute vertu.

Silvio PELLICO.

Pas de citoyen sans liberté, pas de liberté sans courage.

« La garde meurt et ne se rend pas. »

(La vieille garde à Waterloo.)

« Allez dire à votre maître que nous sommes ici par la volonté du peuple et que nous n'en sortirons que par la force des baïonnettes. »

(MIRABEAU au marquis de Dreux-Brézé.)

On juge le courage non aux paroles, mais aux actions.

> Au travers des périls, un grand cœur se fait jour.
> Ils allaient, ils chantaient, l'âme sans épouvante,
> Et les pieds sans souliers.

V. HUGO.

Chant. — Le courage (voir page 181).

Sujets de rédaction. — 1. Qu'est-ce qu'un enfant courageux, un enfant téméraire et un enfant lâche ? Comment se conduisent-ils et dites lequel vous préférez. Motifs de votre préférence.

2. Racontez un trait de courage pris dans l'histoire et un autre pris dans la vie ordinaire et demandez-vous ce qui serait arrivé si, à la place des braves dont vous parlez, il s'était rencontré des poltrons.

Problèmes moraux. — Que pensez-vous de cette opinion de Barni : « On a quelquefois comparé le courage civique et le courage militaire. Il s'en faut que le premier soit toujours à la hauteur du second. Combien n'a-t-on pas vu d'officiers, intrépides devant la mort sur le champ de bataille, se courber lâchement sous le joug du despotisme, et du rang de héros retomber à celui de plats courtisans ?... Le courage militaire peut faire un peuple conquérant ; le courage civique fait les peuples libres ».

Paul veut entraîner Jean au cabaret. Ce dernier refuse, et Paul et ses camarades se moquent de lui, sous prétexte qu'il n'a pas le courage d'être le maître chez lui

et d'aller où bon lui semble. Quel autre vrai courage a Jean et n'est-il pas méritoire ?

Dans une dispute à la sortie de l'école, le petit Louis est maltraité par plusieurs de ses camarades plus grands que lui. Vous risquez fort de l'être aussi si vous intervenez. Qu'allez-vous faire cependant ?

Questionnaire. — Qu'est-ce que le courage ? — Combien il y a-t-il de sortes de courage ? — L'homme véritablement courageux est-il celui qui recherche le danger ou qui ne le fuit pas ? Peut-on vaincre la peur ? par quels moyens ? — L'enfant peut-il se montrer courageux ? — Qu'est-ce que le sang-froid ? — Qu'est-ce que la témérité ? — la fanfaronnade ? — Quel est le principal caractère du vrai courage ?

51e Leçon. — **L'esprit d'initiative.**

Précepte : *L'esprit d'initiative, appliqué à la recherche du vrai, du beau et du bien, est une source inépuisable de progrès.*

Résumé. — « On entend par *esprit d'initiative* une sorte d'ardeur qui nous porte à agir pour améliorer notre condition et celle de nos semblables. C'est l'amour *de l'action* combiné avec *l'amour du progrès.* » (Ch. DUPUY.)

L'esprit d'initiative est nécessaire dans la vie quand on veut réussir, mais il faut qu'il soit allié à l'*intelligence* et au *courage*, appuyé sur un jugement sain, et qu'il soit accompagné de *persévérance.*

L'esprit d'initiative ne peut se développer chez un enfaut timide à l'excès ; il faut donc bannir cette peur de prendre soi-même une décision quelquefois importante, lorsqu'on a conscience d'agir pour le bien.

Résolutions. — 1. Je développerai mon esprit d'initiative par l'attention, la réflexion et l'étude.

2. Je ne me laisserai pas dominer par la timidité, car ce défaut, contraire à l'esprit d'initiative, me mettrait dans un état d'infériorité à l'égard de mes semblables.

3. Je serai persévérant.

Pensées. — Appliquez votre esprit d'initiative à faire le bien autour de vous.

L'esprit d'initiative crée, embellit et ennoblit.

N'employez pas votre initiative à améliorer votre situation au détriment d'autrui.

Le plaisir de la critique nous ôte celui d'être touché de très belles choses.

Sujets de rédaction. — 1. Dans quelle mesure une personne très active peut-elle venir en aide à son prochain ?

2. Montrez au moyen d'exemples le bien que peut faire une personne dont l'esprit d'initiative est très développé : 1° à elle-même ; 2° à sa famille ; 3° à ses amis ; 4° à la société.

Problèmes moraux. — Deux propriétaires de votre village emploient des procédés différents pour la culture. L'un, peu instruit, s'en tient à la routine. L'autre, ancien élève d'une ferme-école, cherche à allier les connaissances acquises à son esprit d'initiative et fait part aux voisins des améliorations qu'il réalise. Approuvez-vous la manière d'agir de ce dernier ? Lequel des deux cultivateurs obtient les meilleurs résultats ? Pourquoi ?

Un enfant de six ans vient de tomber en votre présence dans un puits qui se trouve à proximité de votre maison. Que ferez-vous ?

Votre mère s'est absentée avec votre père en laissant la maison et la garde de vos jeunes frères à votre sœur aînée. Mais votre mère a un empêchement imprévu qui retarde son retour, et les petits ont faim et sommeil. Que va faire la sœur aînée, qui pourtant n'a reçu aucun ordre de sa mère ?

Questionnaire. — Qu'est-ce que l'esprit d'initiative ? — Cette qualité est-elle nécessaire ? — À quoi doit-elle être alliée ? — Quel est le défaut le plus opposé à cette qualité ?

LEÇON DE REVISION

Résumé.

Devoirs envers le corps :

Propreté : Lave-toi fréquemment.
Sobriété : Ne mange pas avec excès.
Tempérance : Bois avec modération.
Gymnastique : Cultive tes forces physiques.
Hygiène : Prends bien soin de ta santé.

Les biens extérieurs :

Avarice et *prodigalité :* N'aime ni trop ni trop peu l'argent.
Économie et *prévoyance :* Songe à l'avenir.
Le jeu et *les dettes :* Ne joue pas et ne fais pas de dettes.
Travail : Aime le travail et respecte les travailleurs.

Devoirs envers l'âme :

Sensibilité : Ne t'aveugle pas sur tes défauts.
Évite l'orgueil, la vanité, la frivolité.
Ne te mets jamais en colère.
Intelligence : Aime et recherche la vérité.
Dissipe l'ignorance en toi et autour de toi.
Sois toujours sincère.

Sois ordonné et prudent.

Volonté : Sois courageux dans la vie.

Développe en toi la fermeté de caractère.

Agis avec patience et persévérance.

Ne néglige pas de cultiver ton initiative.

Pensées.

Le respect de la personne morale en nous, tel est le principe général d'où dérivent tous les devoirs individuels.

Propreté, c'est santé.

L'intempérance change en poisons mortels les aliments destinés à conserver la vie.

LA BRUYÈRE.

Ne mangez pas jusqu'à vous étourdir, ne buvez pas jusqu'à vous échauffer la tête.

FRANKLIN.

Les excès dégradent l'homme et ruinent la santé.

L'ordre et l'économie donnent la fortune.

Le jeu nous dérobe trois excellentes choses : l'argent, le temps, la conscience.

Le travail est le consolateur des peines, le remède contre l'infortune, et le chemin du bien.

L'orgueilleux déjeune avec l'abondance, dîne avec la pauvreté, et soupe avec la honte.

FRANKLIN.

C'est un remède souverain contre la colère que de la réprimer aussitôt par un acte de douceur.

SAINT FRANÇOIS DE SALES.

Mentir, c'est voler à autrui la vérité à laquelle il a droit.

CARRAU.

L'ordre économise le temps, devient la richesse du pauvre et la sécurité du riche.

Le courage se mesure à l'épreuve.

Lecture.

1. Veillons à notre santé grâce à l'hygiène.

Ne nous exposons pas à être malades par notre faute.

La santé est pour l'homme le capital le plus précieux ; apprenons à la ménager.

Mieux vaut prévenir les maladies que d'avoir à les guérir. Les maladies affaiblissent le corps et occasionnent une perte de temps préjudiciable pour les familles où le père a besoin de son labeur quotidien, où la mère doit vaquer sans relâche aux travaux du ménage.

L'hygiène est la science qui nous apprend à nous bien porter. Elle impose trois prescriptions essentielles : la propreté, la tempérance et l'exercice. « Pour se bien porter, il sert d'être propre et net, de respirer un air pur, boire de bonnes eaux, se nourrir de viandes simples, et quoique la nature enseigne assez tout cela, il est bon d'en avertir les enfants, et leur *y faire souvent faire réflexion;* car la coutume prend aisément le dessus. Tout ce qui donne de la force sert aussi beaucoup à la santé, que la force suppose nécessairement ; or, ce qui fortifie n'est pas, comme croit le vulgaire, manger beaucoup et boire beaucoup de vin, mais travailler et s'exercer en se nourrissant et se reposant à proportion. Il est très important de donner de bonne heure aux enfants une très grande estime des exercices du corps avec un grand mépris de la vie molle et efféminée.

Il faut leur faire comprendre qu'un homme est capable de peu de chose, s'il ne peut pas, sans altérer sa santé, faire des excès notables de travail, rompant au besoin toutes les règles du sommeil et des repas. »

FLEURY.

2. Les petits défauts.

Il faut se débarrasser de ses petits défauts pour qu'ils ne deviennent pas des vices. — N'oublions pas le proverbe : « Les petits ruisseaux font les grandes rivières. »

Il ne faut pas mépriser les petits défauts ; il n'est pas si petit ennemi qui ne puisse nuire à la longue. Ce ne sont pas les éléphants qui détruisent les moissons et ruinent les laboureurs dans les plaines de la Beauce ; ce sont les sauterelles et les petites chenilles quand les blés sont en herbe, les charançons et autres insectes imperceptibles, quand ils sont mûrs. Si vous ne défendez votre treille que contre les gros voleurs, les petits, les mouches et les moineaux, auront beau jeu ; ce ne sont pas les murs qui les empêchent d'y entrer.

Les petits maux qui se répètent, qui ne vous lâchent pas et dont on ne se méfie guère, sous prétexte qu'ils ne sont pas mortels, sont de plus insupportables ennemis que les grosses maladies, contre lesquelles, dès le début, on se met en défense. Ce n'est presque jamais que par les petits maux négligés que les grands arrivent. Il faut se garantir des plus petits rhumes, si l'on veut éviter les fluxions de poitrine.

Les petits défauts sont là tous les jours, les grands sont comme les aérolithes qui ne tombent, du moins sur la terre, qu'à de longs intervalles. On ne peut dire qu'un petit défaut qui s'invétère et devient permanent, soit de petite importance : ce qui est durable n'est jamais petit. Qui est-ce qui voudrait passer sa vie en compagnie d'un moucheron toujours bourdonnant ? Un lion y deviendrait enragé. Votre petit défaut est ce moucheron ; pourquoi imposez-vous sa compagnie à tout le monde et à vous-même ? Un petit défaut n'est jamais seul ; un petit défaut a toujours une famille, il n'est jamais garçon ; il pullule comme les rats ; il n'en faut qu'un pour remplir toute la maison. Si donc ce n'est pas pour lui, c'est tout au moins pour sa postérité qu'il faut craindre.

STAHL.

Récitation.

1. Au travail.

Au travail ! au travail ! qu'on entende partout
Le bruit saint du travail et d'un peuple debout !
Que partout on entende et la scie et la lime,
La voix du travailleur qui chante et qui s'anime !
Que la fournaise flambe et que les lourds marteaux,
Nuit et jour, et sans fin, tourmentent les métaux !
Rien n'est harmonieux comme l'acier qui vibre,
Et le cri de l'outil aux mains d'un homme libre !
Au fond d'un atelier, rien n'est plus noble à voir
Qu'un front tout en sueur, un visage tout noir,
Un sein large et bronzé que la poussière souille,
Et deux robustes bras tout recouverts de houille !
Au travail ! au travail ! à l'œuvre ! aux ateliers !
Et vous, de la pensée, habiles ouvriers,
A l'œuvre ! travaillez tous dans votre domaine
La matière divine et la matière humaine !
Inventez, maniez, changez, embellissez ;
La Liberté jamais ne dira : C'est assez.

BRIZEUX.

2. Le courage.

Le courage n'est pas seulement au soldat ;
Il n'est pas seulement à l'homme qui se bat
Pour défendre un pays qui pense et qui travaille :
La vie est elle-même un vrai champ de bataille
Où chaque travailleur a son courage à lui.
Fuir le travail qu'on doit, c'est encore avoir fui !
Tout le monde partout travaille dans le monde :
Le pêcheur ne craint pas le vent qui souffle et gronde...
Il lutte avec la mer pour prendre le poisson ;
Parfois le soleil tue, au temps de la moisson ;

Le carrier meurt, rongé de poussières malsaines ;
Le bûcheron parfois tombe du haut des chênes,
Le maçon, le couvreur, du faîte des maisons !
Le pauvre balayeur respire des poisons,
Mais il fait son devoir quand même en temps de peste.
Le petit mousse grimpe au bout des mâts, plus leste
Qu'un singe, et quelquefois, les deux bras grands ouverts,
Tombe en criant : « Ma mère ! » au fond des grandes mers.
Et moi, moi qui n'ai pas beaucoup de peine à vivre,
N'ayant qu'à fatiguer mes bons yeux sur mon livre,
Pour apprendre à chérir ceux qui travaillent tant,
Je dirais toujours : Non ? je serais mécontent ?...
La vie est un combat : je veux remplir ma tâche,
Celui qui fuit le champ du travail est un lâche.

J. AICARD.

Sujets de rédaction.

1. Indiquez les principales règles à suivre pour bien se porter. Nécessité absolue de s'y conformer.

2. Montrez à l'aide d'exemples : 1° que l'ordre et l'économie sont une source de richesses ; 2° que le désordre et la prodigalité sont une source de misère.

3. Faites le portrait d'un écolier travailleur et d'un écolier paresseux. Comparez leur situation.

4. Rappelez brièvement les fables dans lesquelles La Fontaine a le mieux dépeint l'orgueil. Réflexions que vous a suggérées l'étude de ces fables.

5. Racontez un dialogue auquel vous avez assisté entre un homme sincère et un homme menteur. Quel profit avez-vous retiré de cet entretien ?

6. Montrez par des exemples que la volonté appliquée à bien faire est une source inépuisable de biens.

LA PERLE (¹)

Paroles de ARRENAUD.   Musique de HAYDN (1732-1809).

1.

D'étincelles irisée,
Diamant par sa couleur,
Une perle de rosée   } bis.
Scintillait sur une fleur.

2.

Voletant de branche en branche
Un oiseau vient s'y mirer ;
Sous son poids la fleur se penche } bis.
Et la perle allait sombrer.

3.

Une source dans son onde
La recueille en son élan,
Et sa course vagabonde   } bis.
La conduit à l'océan.

4.

Sur la vague il faut qu'elle aille
Et s'agite nuit et jour,
Mais la voûte d'une écaille   } bis.
Lui ménage un doux séjour.

5.

Sur ce fond, cette eau limpide
Peut longtemps se reposer ;
Puis la perle étant solide,   } bis.
Rien ne peut plus la briser.

6.

Telle est l'âme vive et pure
Dans les luttes d'ici-bas :
C'est la perle claire et dure } bis.
Dont l'éclat ne se perd pas.

(¹) DANHAUSER, *Chants pour les écoles.* Hachette, édit.

SOMMEIL ET ESPÉRANCE

Paroles de VOLTAIRE.
(1694-1778).

Musique de LULLI (1633-1687).
(*Air extrait d'Armide.*)

1.

Du Dieu qui nous créa, la clémence infinie,
Pour adoucir les maux de cette courte vie,
A placé parmi nous deux êtres bienfaisants,
De la terre à jamais aimables habitants,
Soutiens dans les travaux, trésors dans l'indigence :
L'un est le doux sommeil et l'autre est l'espérance.

2.

L'un, quand l'homme accablé sent de son faible corps
Les organes vaincus sans force et sans ressorts,
Vient par un calme heureux secourir la nature
Et lui porter l'oubli des peines qu'elle endure ;
L'autre anime nos cœurs, enflamme nos désirs,
Et même en nous trompant donne de vrais plaisirs.

LE RAT DE VILLE ET LE RAT DES CHAMPS

Paroles de LA FONTAINE.   Air populaire.

1.

Autrefois le rat de ville
Invita le rat des champs,
D'une façon fort civile,
A des reliefs d'ortolans.

Sur un tapis de Turquie,
Le couvert se trouva mis.
Je laisse à penser la vie
Que firent ces deux amis.

2.

Le régal fut fort honnête ;
Rien ne manquait au festin ;
Mais quelqu'un troubla la fête
Pendant qu'ils étaient en train.

A la porte de la salle
Ils entendirent du bruit :
Le rat de ville détale,
Son camarade le suit.

3.

Le bruit cesse, on se retire :
Rats en campagne aussitôt ;
Et le citadin de dire :
Achevons tout notre rôt.

C'est assez, dit le rustique,
Demain vous viendrez chez moi.
Ce n'est pas que je me pique
De tous vos festins de roi.

4.

Mais rien ne vient m'interrompre,

Je mange tout à loisir.

Adieu donc. Fi du plaisir

Que la crainte peut corrompre. } (bis.)

JEAN L'IVROGNE

Paroles de Marc Legrand (¹).   Musique de Reichardt.

1.

C'est samedi, le jour de paye :
Au cabaret Jean va tout droit.
On dit qu'il aime la bouteille
Et boit un peu plus qu'il ne doit.

2.

Il s'assied tout seul sous la treille
Vide un grand verre et deux et trois ;
Sa joue a des couleurs vermeilles
Il sort et va tout de guingois.

____

(¹) A. Collin, édit.

3.

Son œil s'éteint, son front sommeille :
Pourra-t-il regagner son toit ?
Son chapeau lui pend sur l'oreille,
Son col est taché par endroits.

4.

Vit-on jamais laideur pareille ?
Dans la rue, on le montre au doigt ;
Il marche à peine et — c'est merveille —
Trouve le chemin trop étroit !

5.

En voulant chasser une abeille,
Il fait un geste et, v'lan, il choit.
Juste il choit dans une corbeille
D'œufs qu'il écrase sous son poids.

6.

Lors le marchand d'œufs et d'oseille
Vient sur sa porte et l'aperçoit.
Un gendarme qui le surveille,
Passe et lui met la chaîne aux doigts.

7.

Et c'est en prison qu'il s'éveille !
Voilà ce qu'on fait quand on boit !
Du cabaret, le jour de paye,
On ne revient jamais tout droit.

———————

CHANSON BÉARNAISE (¹)

Paroles de ARRENAUD.   Air béarnais de GASTON PHŒBUS
(1369).

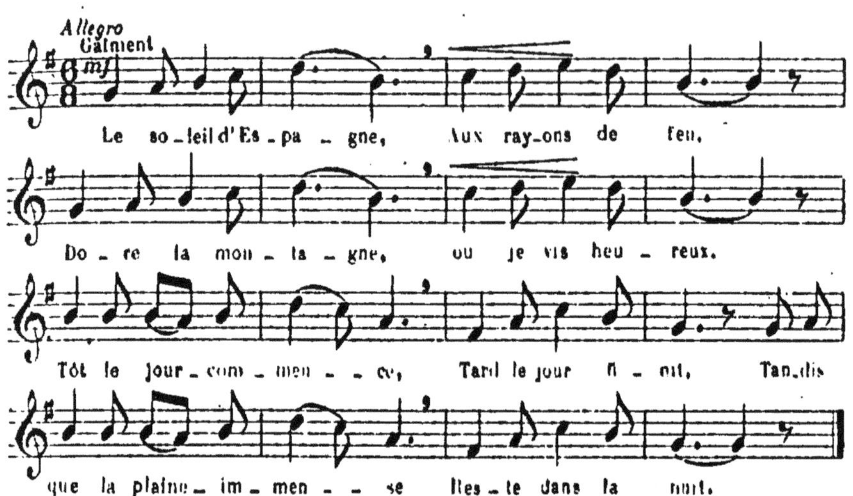

1.

Le soleil d'Espagne,
Aux rayons de feu,
Dore la montagne
Où je vis heureux.
Tôt le jour commence,
Tard le jour finit,
Tandis que la plaine immense
Reste dans la nuit.

2.

J'aime la lumière,
Les lointains d'azur ;
Sur la cime altière
Règne un ciel plus pur.
Le léger zéphyr
Rase nos glacis,
L'air est vif et l'on respire
Libre de soucis.

3.

J'ai, des nobles chasses,
Le plaisir fiévreux,
Quand je suis la trace
De l'isard peureux,
Sur mes pas l'abîme
Brise le chemin ;
Mais je vais de cime en cime,
Le fusil en main.

4.

Mon rocheux domaine
Où grandit le pin,
Me suffit à peine
Pour glaner mon pain ;
Mais avec l'adresse,
J'ai l'agilité.
Le plus clair de ma richesse,
C'est la liberté.

(¹) DANHAUSER, *Chants pour les écoles.* Hachette, édit.

IMPRÉVOYANCE (¹)

Paroles et Musique de F. COMTE.

1.

Un agneau pris par l'orage,
Se cachant dans un buisson,
Dut y laisser sa toison.
Etait-il plus fou que sage ?
Aux épines du buisson
Il dut laisser sa toison.

2.

Un fermier, pour un' fromage,
Plaida, gagna son procès ;
Il paya cher son succès,
Etait-il plus fou que sage ?
Il paya cher son succès
Tout en gagnant son procès.

3.

Un enfant tachant sa page,
Pour réparer ce malheur,
La déchire avec ardeur.
Etait-il plus fou que sage ?
La déchire avec ardeur
Pour réparer son malheur.

4.

Ainsi fait l'homme volage ;
Il apprend à ses dépens
Qu'il faut réfléchir longtemps
Si l'on veut se montrer sage ;
On apprend à ses dépens
Qu'il faut réfléchir longtemps.

(¹) F. COMTE, *Les petits chants des écoliers.* A. Colin, édit.

L'AIGUILLE

Paroles de ARRENAUD (¹).   Musique de BEETHOVEN.

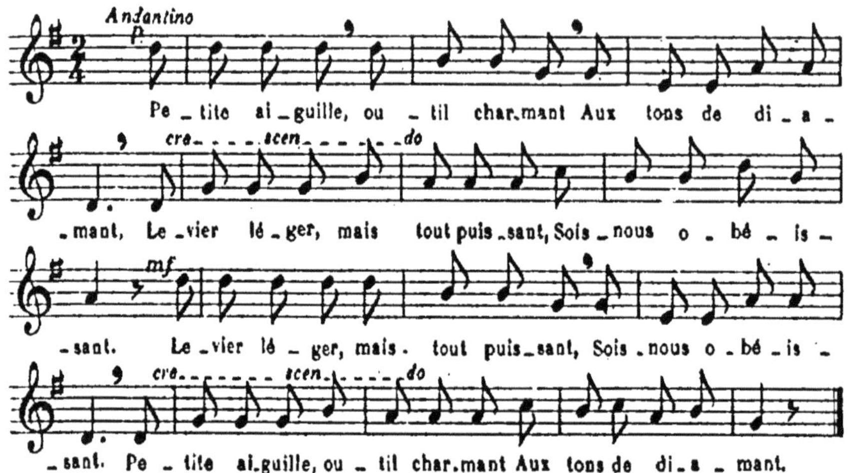

1.

Petite aiguille, outil charmant,
Aux tons de diamant,
Levier léger mais tout puissant,   } bis.
Sois-nous obéissant.
Petite aiguille, outil charmant,
Aux tons de diamant.

2.

Ton fin métal est un trésor
Qui change tout en or.
Au gré constant de ton essor   } bis.
On peut régler son sort.
Ton fin métal est un trésor
Qui change tout en or.

3.

Un noble but de tes labeurs
Est de tarir les pleurs (²).
Ainsi les grands sont travailleurs : } bis.
Ton frein les rend meilleurs.
Un noble but de tes labeurs
Est de tarir les pleurs.

(¹) Hachette, édit.
(²) Allusion aux réunions de charité où l'on travaille à confection-
ner des vêtements aux malheureux.

TRAVAILLONS

Paroles de V. DE LAPRADE.   Mélodie populaire.

1.

Mes enfants, il faut qu'on travaille,
Il faut tous dans le droit chemin,
Faire un métier, vaille que vaille,
Ou de l'esprit ou de la main.
La fleur travaille sur la branche ;
Le lis, dans toute sa splendeur,
Travaille à sa tunique blanche ;
L'oranger à sa douce odeur.

2.

Voyez cet oiseau qui voltige
Vers ces brebis, sur ces buissons ;
N'a-t-il rien qu'un joyeux vertige ?
Ne songe-t-il qu'à ses chansons ?
Il n'est point de peine perdue,
Et point d'inutile devoir :
La récompense nous est due
Si nous savons bien la vouloir.

LA HARPE D'OR (¹)

Ballade.

Paroles de ARRENAUD.   Air populaire suédois.

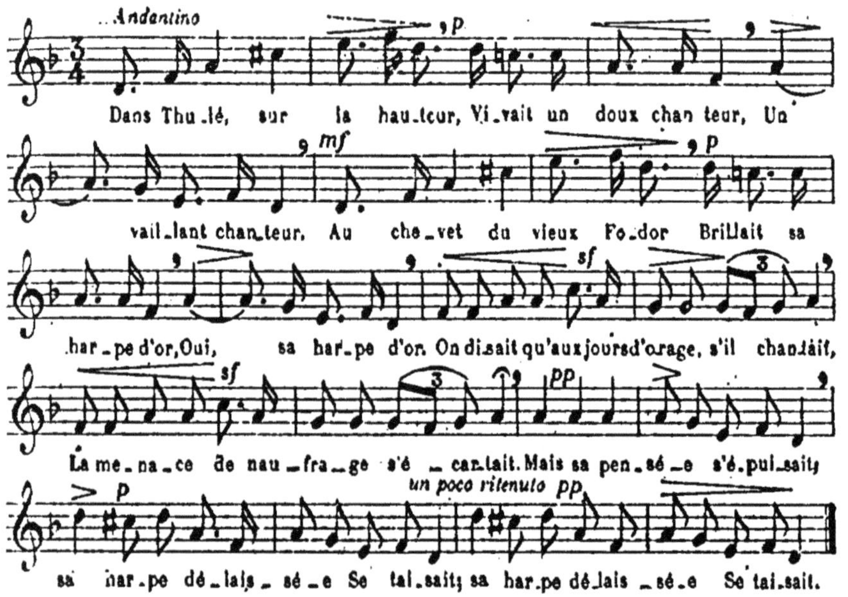

1.

Dans Thulé, sur la hauteur,
Vivait un doux chanteur,
Un vaillant chanteur.
Au chevet du vieux Fodor
Brillait sa harpe d'or,
Oui, sa harpe d'or.
On disait qu'aux jours d'orage,
    S'il chantait,
La menace de naufrage
    S'écartait.
Mais sa pensée
    S'épuisait ;
Sa harpe délaissée } bis.
    Se taisait. }

2.

Sous le faix de la douleur
S'était courbé son cœur,
Se brisait son cœur.
Son enfant, son fils chéri,
Sans gloire avait péri,
Jeune avait péri.
Il oublie en sa détresse
      Un trésor :
Car sa fille, à sa tendresse,
    · Reste encor.
En sa retraite
Nul n'entrait.
L'âme jamais distraite,   } *bis*
    Il pleurait.

3.

Refusant de se nourrir,
Fodor allait mourir,
Il allait mourir.
Et sa fille, au désespoir,
En vain voulait le voir,
Ne pouvait le voir.
Sa tendresse repoussée,
      Sans secours,
A la harpe délaissée
      A recours ;
Un vœu sublime
      Sert sa voix :
La harpe se ranime   } *bis*.
      Sous ses doigts.

4.

Ses accords, ses jeux nouveaux
Réveillent les échos,
Les anciens échos.
Le poète entend ces chants
Et simples et touchants,
Simples et touchants.
Son chagrin qui prend le change,
      Moins voilé,
Est enfin, des pleurs d'un ange,
      Consolé.
Depuis cette heure,
      Cœur gagné,
Il vit dans sa demeure
      Résigné.

NULLE JOUISSANCE SANS TRAVAIL

Paroles de VOLTAIRE
(1695-1778).

Musique de WEBER
(1786-1826).

Le travail est souvent le père du plaisir :
Je plains l'homme accablé du poids de son loisir.
Le bonheur est un bien que nous vend la nature.
Il n'est point ici-bas de moisson sans culture.
Le travail est souvent le père du plaisir :
Je plains l'homme accablé du poids de son loisir.

LE COURAGE

Paroles de QUINAULT
(1635-1668).

Musique de REICHARDT.

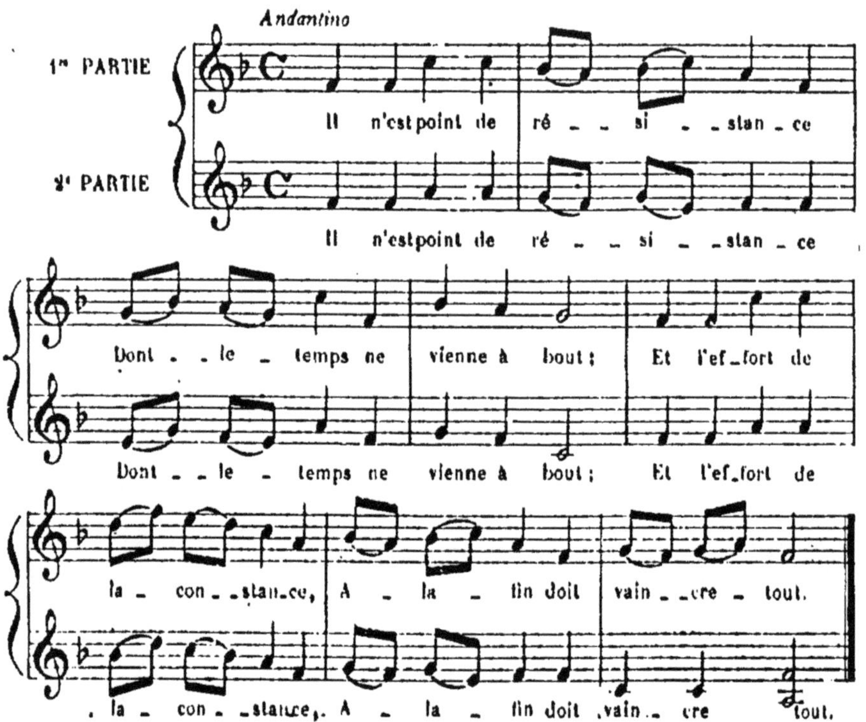

1.

Il n'est point de résistance
Dont le temps ne vienne à bout;
Et l'effort de la constance,
A la fin doit vaincre tout.

2.

L'onde se fait une route
En s'efforçant d'en chercher.
L'eau qui tombe goutte à goutte
Perce le plus dur rocher.

CHAPITRE VI

LA VIE SOCIALE : JUSTICE ET SOLIDARITÉ

I. — DEVOIRS DE JUSTICE

52ᵉ Leçon. — Devoirs envers notre prochain.

Précepte : *La justice, c'est le respect; la solidarité, c'est l'amour.*

Résumé. — Les avantages que l'homme retire de sa vie en société lui imposent des devoirs envers ses semblables : ce sont la *justice* et la *solidarité* qui constituent les *devoirs sociaux*. « *Ne fais pas à autrui ce que tu ne voudrais pas qu'on te fît* » est le principe sur lequel repose la justice. *Être juste*, c'est ne jamais user de violence à l'égard d'autrui pour l'opprimer, c'est reconnaître les droits de chacun et les respecter.

La *justice* est la *vertu sociale* indispensable. Dans une société où elle ne règne pas, où il y a sans cesse abus d'autorité, oppression du faible par le fort, exploitation de la multitude par quelques-uns, la vie est honteuse et misérable.

Mais la justice ne peut suffire à faire régner la concorde et le bonheur dans une société. Il faut qu'elle soit accompagnée de *solidarité*, de *fraternité* et d'*amour*.

Résolutions. — 1. J'apprécierai les avantages que je dois à la société.

2. Je ne négligerai pas de faire le bien auquel le devoir m'oblige.

(Carnet de Franklin.)

3. Je veux pouvoir me dire avec le poète, en m'interrogeant chaque soir :

> Ce jour qui va finir, je ne l'ai pas perdu ;
> Grâce à mes soins, j'ai vu, sur une face humaine,
> La trace d'un plaisir ou l'oubli d'une peine.

Pensées. — Nul n'a le droit de se faire justice soi-même.

La justice est un cri du cœur.

LAMARTINE

La justice est entrée dans le monde par l'amour.

LAMARTINE.

On n'est pas moins injuste en ne faisant pas ce qu'on doit faire qu'en faisant ce qu'on ne doit pas faire.

MARC-AURÈLE.

A chacun sa part, c'est la loi de justice.

Ne nuisez à personne, soit en lui faisant du tort, soit en négligeant de lui faire le bien auquel votre devoir vous oblige.

Quand tu ressens un secret plaisir à trouver ton prochain en faute, tu n'es pas meilleur que lui.

STAHL.

Chant. — *Justice et charité* (voir page 219).

Sujets de rédaction. — 1. La justice. — Fondements de la justice; ses bons effets dans la vie de société.

2. Vous avez été récemment témoin d'actes d'injustice, et il y a quelque temps vous en avez été vous-même victime. Faites-nous part de la peine que vous avez ressentie dans ces deux cas.

3. Faites le tableau d'une société où ne régnerait que la plus stricte justice. Quelles impressions vous suggère un tel état social?

Problèmes moraux. — Une personne, qui se trouve momentanément gênée, s'adresse au patron chez lequel elle est employée et lui demande une avance. Son patron lui répond : « Je vous ai toujours payé régulièrement votre travail; et je ne puis m'engager à autre chose aujourd'hui. » Cette personne s'adresse alors à un de ses anciens patrons, moins riche pourtant que celui qui vient de l'éconduire. Celui-ci, avec discrétion et générosité, lui accorde ce qu'elle lui demande. Les deux patrons ont-ils tous deux, dans leurs actes respectifs, fait preuve du sentiment de justice? — Qu'est-ce qui distingue l'acte du premier de celui du second? — Auquel des deux préféreriez-vous ressembler ?

A différentes reprises, votre voisine vous a calomniée. Vous savez qu'elle est injustement attaquée aujourd'hui et vous êtes appelée à donner des renseignements qui peuvent la faire triompher des difficultés présentes. Sachant que vous seule pouvez démentir les accusations portées contre elle, quelle sera votre attitude, et à quels sentiments obéirez-vous?

Questionnaire. — Qu'est-ce que les devoirs sociaux ? — Quels sont-ils ? — Qu'est-ce que la justice ? — Citez le précepte qui est à la base de la justice. — L'application des devoirs de justice par les hommes composant une société est-elle une condition nécessaire pour que cette société fonctionne bien ? — Mais l'application stricte des devoirs de justice suffirait-elle ? — Que faut-il encore ?

53ᵉ Leçon. — **Respect de la vie humaine**.

Précepte : *Puisque la vie est le premier des biens, l'homicide est le premier des crimes.*

Résumé. — Au premier rang des prescriptions de la morale figure ce commandement: « Tu ne tueras point ». Nous n'avons pas le droit d'attenter à la vie d'autrui ; c'est le plus grand des crimes. C'est une très grave injustice d'ôter à un être humain son droit à la vie, et par cela même le moyen d'accomplir ses devoirs moraux, familiaux et sociaux. Un tel crime atteint non seulement la victime, mais aussi sa famille et la société désormais privées de son concours.

Le *duel*, que nos mœurs restées sauvages sur quelques points tolèrent, n'est pas moral. Celui qui se bat en duel est exposé à être tué ou à tuer. Dans le premier cas, c'est un *suicide ;* dans le second, c'est un *assassinat ;* et dans les deux cas, c'est toujours un crime. — L'*assassinat politique* (Ravaillac, Charlotte Corday) est un crime inutile. — La *guerre* n'est morale que de la part d'un peuple défendant sa liberté et son droit. Le peuple est alors placé dans le cas de *légitime défense*, et il a, comme l'individu dans les mêmes circonstances, le droit et le devoir d'assurer son existence.

Résolutions. — 1. Je considère « comme une brute quiconque n'admet pas que le respect de la vie humaine est un devoir absolu ».

Payot.

2. Je ne tuerai point.

3. Je me déclarerai partisan de la paix universelle.

Pensées. — Le plaisir de la vengeance se change bientôt en une horreur du crime qu'elle a fait commettre.

Toutes les autres pertes peuvent avoir des compensations : celle de la vie est irréparable.

Le duel est un reste de la barbarie des vieux âges.

L'homme droit, dont toute la vie est sans tache, et qui ne donne jamais aucun signe de lâcheté, refusera de souiller sa main d'un homicide.

J.-J. ROUSSEAU.

Sujets de rédaction. — 1. Le respect de la vie humaine. — Condamnation de l'homicide. — L'homicide volontaire et l'homicide involontaire.

2. Le duel. Montrez la stupidité de cette coutume barbare. Elle est une honte pour notre société. Elle n'assure pas le triomphe du juste. Loin de réparer les injures ou les insultes publiques qui l'ont provoqué, le duel les aggrave.

Problèmes moraux. — Faut-il seulement considérer comme homicides ceux qui ont frappé avec le poignard ou vendu eux-mêmes le poison à leurs victimes ?

Vous avez lu dans votre histoire les chapitres qui parlent de la Saint-Barthélemy, de l'Inquisition, etc. La responsabilité de ces boucheries honteuses doit-elle n'atteindre que leurs exécuteurs ? A qui remonte-t-elle, et que pensez-vous de ceux qui les ont provoquées ?

On vous a fait le récit des guerres de la Révolution — luttes héroïques d'un peuple défendant sa liberté et ses droits nouveaux — et le récit des guerres du Premier et du Second Empire, guerres souvent entreprises par vanité et par orgueil. Dites celles qui furent justes et honorent nos pères et expliquez pourquoi les autres sont blâmables.

Questionnaire. — Pourquoi n'avons-nous pas le droit d'attenter à la vie d'autrui ? — Le duel est-il moral ? — Pourquoi l'assassinat politique est-il un crime inutile ? — La guerre est-elle toujours juste ? — Quand l'est-elle ? — Qu'est-ce que le droit de légitime défense ?

54e Leçon. — **Respect de la liberté d'autrui.**

Précepte : *Supprimer la liberté, c'est supprimer l'homme.*

Résumé. — *La liberté est un droit inviolable et sacré.* Après la vie, c'est le bien le plus cher à l'homme. Quand on attente à la liberté d'autrui, qu'on emploie une contrainte arbitraire pour l'obliger à agir contre sa volonté, on commet non seulement une grave injustice, mais un crime moral. « Renoncer à sa liberté, a dit J.-J. Rousseau, c'est renoncer à sa qualité d'homme. » *Attenter à la liberté d'autrui*, c'est ne pas respecter la personne humaine dans ce qu'elle a de plus légitime, c'est la diminuer en soi et dans autrui, quand ce n'est pas la détruire tout à fait.

L'histoire est semée de ces actes abominables qui furent *l'esclavage*, le *servage*, la *traite des noirs*, les *arrestations* et les *emprisonnements arbitraires*, les *attentats à la liberté de conscience*. La liste en est bien longue.

Il faut s'efforcer de ne jamais commettre le plus léger attentat à la liberté d'autrui.

Résolutions. — 1. Je respecterai la liberté en moi et dans tous les hommes.

2. Par des menaces ou par des injures, je n'obligerai jamais un camarade à agir contre sa volonté.

Pensées. — Liberté, égalité, fraternité.

(Devise républicaine.)

L'homme étant un être essentiellement actif, il s'ensuit que la liberté est un besoin de sa nature et son premier bien.

Sous un régime démocratique bien plus que partout ailleurs, la liberté de chacun doit être ponctuellement respectée par tous.

(Revue de l'enseignement primaire.)

C'est ôter la vie morale à un homme que de lui ôter sa liberté. Marion.

Plus une nation compte d'hommes libres, plus elle est glorieuse et forte, et les pays où le travail est le plus libre sont les plus riches.

Le travail esclave est infiniment moins productif que le travail libre. Marion.

Sujets de rédaction. — 1. Mettez en prose la fable de La Fontaine « Le Loup et le Chien ». Insistez sur la morale de la fable.

2. Faites l'historique de l'esclavage, et montrez que l'abolition de l'esclavage est un bienfait pour l'individu et pour la société, et qu'elle honore les hommes qui se sont efforcés de la faire réussir.

Problèmes moraux. — Par les menaces et par les coups, Pierre oblige son petit frère Henri à jouer aux billes alors que celui-ci préfère courir avec son cerceau. Quelle action blâmable commet Pierre ? — Henri, tout jeune qu'il est, n'a-t-il pas le droit d'être respecté dans sa liberté ?

Un de vos camarades, en riant, a dit devant vous : « Le maître vient de nous faire une belle leçon sur le respect de la liberté d'autrui. Mais il devrait bien commencer, et nos parents aussi, par ne plus nous obliger à faire ce qu'ils veulent et qui n'est pas toujours ce que nous voulons. » Quelques autres camarades ont pris cette boutade au sérieux. Pensez-vous aussi que vos parents et votre maître ne doivent pas attenter à votre « liberté » ? Pourquoi le peuvent-ils ?

N'est-ce pas commettre un attentat à la liberté d'un voleur que l'emprisonner ? — N'y a-t-il rien au-dessus de la liberté personnelle de l'individu ?

Questionnaire. — Qu'est-ce que la liberté ? — Citez des faits où cette liberté a été méconnue : dans l'histoire ? dans la vie ordinaire ? — Quelles conséquences la négation de la liberté entraîne-t-elle chez celui qui s'en sert pour opprimer et chez celui qui en est la victime ?

55ᵉ Leçon. — Respect de la réputation d'autrui.

Précepte : *Mauvaise langue, presque toujours mauvais cœur.*

Résumé. — Non seulement la personne humaine a le droit de vivre et d'être libre ; mais elle a encore celui d'être estimée et aimée. Il n'est pas moral de passer son temps à *tromper les autres*, à *mentir*, à *médire*, à *calomnier*. Ces fautes très graves empêchent les hommes de vivre cordialement, d'apprendre à s'aimer, de travailler à être heureux en s'aidant mutuellement.

Mentir, c'est dire une chose qu'on sait contraire à la vérité. On doit aimer la vérité, la respecter toujours, et ne pas fuir la responsabilité de nos actes en les dénaturant par un mensonge. — La *médisance* consiste à révéler, par légèreté, orgueil ou malveillance, les défauts et les fautes d'autrui. Le médisant devient bien vite *calomniateur* ; quand il ne peut plus répandre des choses vraies, il invente. Il accrédite ainsi dans l'esprit des autres des accusations fausses. Il fait naître la malveillance autour de celui qu'il accuse. Il perd une *réputation*, c'est-à-dire un des biens les plus précieux. Le calomniateur commet donc un *vol*, souvent irréparable. Il mérite le mépris et l'indignation de tous. Les qualités opposées à ces défauts sont : 1º la *bienveillance* ou disposition favorable à l'égard d'autrui ; 2º la *loyauté* qui consiste à ne jamais mentir, à ne jamais tromper son prochain et à agir en toute occasion avec honneur et sincérité.

Résolutions. — 1. Je n'userai d'aucun détour pour cacher ma pensée.

2. Je m'efforcerai d'avoir des pensées justes dont mes paroles seront toujours la traduction fidèle.

3. Je ne prêterai jamais l'oreille à un mensonge, à une médisance ou à une calomnie ; à plus forte raison je ne les reproduirai pas.

Pensées. — Il est sage de ne pas croire tout ce qu'on dit ; et ce qu'on a entendu et cru, de ne point aller le rapporter.

Une bonne réputation est un héritage précieux que les parents sont fiers de transmettre à leurs enfants et qui vaut plus que l'argent et l'or.

Une bonne réputation est un aiguillon pour la vertu, un préservatif contre les chutes ; elle encourage les natures élevées, elle soutient et excite les faibles, elle nous permet de mesurer nos progrès, elle nous stimule à mieux faire et à nous rendre plus dignes de l'estime qu'on nous témoigne.

J. Steeg.

Calomnie et médisance sont les deux grandes plaies dont la société a le plus à souffrir.

« J'ai tout perdu, fors l'honneur. »

François Ier.

La calomnie et la médisance sont comme des étincelles qui s'élancent d'un grand feu, et qui s'éteignent aussitôt quand on ne souffle pas dessus.

Fontenelle.

Il y a des reproches qui louent et des louanges qui médisent.

La Rochefoucauld.

Il circule dans le monde une envie au pied léger : on l'appelle médisance ; elle dit étourdiment le mal dont elle n'est pas sûre, et se tait prudemment sur le bien qu'elle sait.

Rivarol.

Ceux de qui la conduite offre le plus à rire
Sont toujours sur autrui les premiers à médire.

MOLIÈRE, Tartufe.

Les effets de la médisance sont funestes à celui qui médit, à celui dont on médit, et à celui devant qui l'on médit.

BOURDALOUE.

Que celui qui est sans péché lui jette la première pierre.

Évangile.

Qui prend plaisir à entendre calomnier ou médire est du nombre des calomniateurs et des médisants.

Croire qu'une petite médisance ne peut nuire, c'est croire qu'une petite étincelle ne peut mettre le feu.

Encourager la médisance par un sourire ou même par le silence, c'est y prendre part.

Pour ne pas calomnier, il ne faut jamais médire.

DUCLOS.

Sujets de rédaction. — 1. Exposez, à l'aide d'exemples, les causes et les effets de la médisance et de la calomnie.

2. Pour quels motifs ne choisirez-vous jamais pour vos amis des camarades indiscrets ?

Problèmes moraux. — Comprenez-vous que le simple fait de prêter l'oreille à ce qu'on sait être une calomnie constitue une complicité avec le calomniateur ? Dites pourquoi.

Molière a dit, dans deux vers qui sont rappelés aux pensées morales de cette leçon, que ceux qui médisent ou calomnient sont ceux sur lesquels on pourrait le plus facilement médire. Partagez-vous l'opinion de Molière ?

Questionnaire. — Quel droit a encore la personne humaine à côté de son droit de vie et de liberté ? — Quels sont les résultats du mensonge ? — Quelle est la forme la plus vile du mensonge ? — Quelle différence y a-t-il entre la médisance et la calomnie ? — Quel sentiment nous ordonne de respecter la réputation d'autrui ? — Qu'est-ce que la loyauté ?

56ᵉ Leçon. — Respect des croyances et des opinions des autres. — La tolérance.

Précepte : *Nul ne doit être inquiété pour ses opinions, même religieuses.*

(Déclaration des Droits de l'homme et du citoyen.)

Résumé. — L'homme a le droit d'avoir une raison et une conscience libres. La *tolérance* est le *respect* des *croyances* et des opinions d'autrui. Les personnes raisonnables et de bon sens qui se sont fait à elles-mêmes, par l'étude et la réflexion, une opinion éclairée sur quelque sujet que ce soit, ne condamnent pas sans examen, par esprit de parti et de fanatisme, les croyances opposées des autres. C'est une manifestation nouvelle de l'esprit de justice. Malheureusement, la tolérance n'a pas toujours été pratiquée; elle ne règne pas encore comme ce serait désirable. Des faits d'*intolérance* trop nombreux sont consignés dans notre histoire.

On apprend à devenir tolérant en s'attachant à se faire une opinion raisonnée, en se rappelant que chacun peut s'illusionner sur ce qu'il croit juste et vrai, et surtout en se persuadant que toute croyance ou opinion est respectable par le fait même qu'elle tend à améliorer l'homme.

Résolutions. — 1. Je n'adopterai pas sans examen les opinions toutes faites; je rechercherai la vérité librement, sans parti pris.

2. Je reconnais à chacun le droit de croire son opinion juste.

3. Je ne penserai pas que la mienne est la seule vraie, la seule indiscutablement bonne.

Pensées. — Le respect pour la conscience et pour les croyances d'autrui est un impérieux devoir.

C'est mettre ses conjectures à un bien haut prix, que d'en faire cuire un homme tout vif.

MONTAIGNE.

Il est permis de discuter les croyances qu'on ne partage pas, mais il faut, en le faisant, n'avoir d'autre but que la vérité et le bien des âmes.

J. SIMON.

Quand on est fermement convaincu de posséder la vérité, on peut plaindre ceux qui l'ignorent, mais on ne doit pas les haïr.

Les injures sont les raisons de ceux qui ont tort.

Réclamer pour soi la liberté de penser et ne pas l'accorder aux autres, c'est ajouter une inconséquence à une faute.

J. SIMON

Sujets de rédaction. — 1. Parmi les actes d'intolérance consignés dans notre histoire nationale, rappelez ceux qui vous ont le plus frappé, les circonstances dans lesquels ils se sont produits, et dites l'indignation que ces actes ont fait naître en vous. Vous rappellerez aussi, succinctement, les faits de tolérance consignés à côté d'eux et vous établirez un parallèle rapide.

2. La liberté de conscience. — Rappelez les circonstances dans lesquelles cette liberté a été proclamée, et montrez-en les bienfaits.

Problèmes moraux. — Un supérieur dit à un de ses subordonnés : « Vous agirez ainsi, ou bien je saurai vous en faire repentir. » Or il ne s'agit pas d'un fait de service, mais d'un acte de la vie privée et c'est un acte malhonnête dont ce supérieur demande l'accomplissement. Respecte-t-il la liberté de son subordonné ? — S'agirait-il même d'un acte qui ne fût pas malhonnête, aurait-il le droit de mettre ainsi son subordonné entre son pain et sa conscience ? — Citez des exemples analogues pris dans la vie ordinaire.

Pensez-vous qu'il n'y a pas, au fond du fanatisme et de l'esprit d'intolérance de beaucoup de gens, un sentiment d'orgueil qui les empêche d'admettre qu'un autre qu'eux-mêmes détienne la vérité ?

Questionnaire. — Qu'est-ce que l'intolérance ? — Citez, dans l'histoire, quelques actes d'intolérance. — Avons-nous le droit de haïr ceux qui sur des sujets politiques et religieux ne pensent pas comme nous ?

57ᵉ Leçon. — Respect de la propriété. — Le vol.

Précepte : *La propriété est un droit inviolable et sacré.*
(Déclaration des Droits de l'homme de 1789.)

Résumé. — « Le droit de *propriété* est celui qui appartient à tout citoyen, de jouir et de disposer à son gré de ses biens, de ses revenus, du fruit de son travail et de son industrie .» (*Déclaration des Droits de l'homme* de 1793.)

La *probité* consiste à respecter la propriété d'autrui. Celui qui n'observe pas la probité est un voleur. Le *vol* est une faute très grave ; c'est la violation d'un droit inviolable et sacré commise dans l'intention de se procurer des ressources sans travail ou d'accroître sans activité sa propriété personnelle. Les mobiles auxquels obéit généralement le voleur, au lieu d'atténuer sa faute, l'aggravent encore. Mais tous les voleurs ne sont pas également coupables.

Il faut s'habituer, jeune, à *respecter les biens* d'autrui, et à être, pour les petites choses, très probe et strictement *honnête*.

Résolutions. — 1. Je ne prendrai jamais ce qui ne m'appartient pas.

2. A l'école, je ne fréquenterai pas ceux qui dérobent les petits objets de leurs camarades.

3. Plus tard, je chercherai uniquement dans le travail les moyens de me procurer ce que je désirerai.

Pensées. — Qui vole un œuf volera un bœuf.

Voleur et menteur sont deux monstres jumeaux.

Le travail rend la propriété sacrée, mais c'est le respect dû à la personne qui rend sacré le travail lui-même.

Bien mal acquis ne profite jamais.

La probité vous ordonne de ne pas garder ce que vous avez trouvé.

La probité peut suppléer à beaucoup d'autres qualités, mais, sans elle, aucune qualité n'a de valeur.

Il ne faut jamais se fier à ceux qui manquent de probité, quelque talent qu'ils puissent avoir.

WASHINGTON.

La probité est une vertu si délicate et si scrupuleuse qu'elle s'effarouche de l'ombre même du soupçon.

BARRAU.

Sujets de rédaction. — 1. Le vol; ses causes; ses différentes formes; ses effets.

2. Un de vos camarades a trouvé sur le chemin de l'école un porte-monnaie contenant vingt francs. Il n'a pas hésité, aussitôt arrivé en classe, à le déposer entre les mains du maître. Le porte-monnaie a pu être ainsi remis à la personne qui l'avait perdu. Elle a offert une récompense à votre camarade qui l'a refusée.
Racontez ce fait de probité et appréciez-le en quelques mots.

Problèmes moraux. — Une veuve nécessiteuse, mère de deux enfants en bas âge, passe devant une boulangerie et y dérobe une couronne de pain. Une jeune personne fort coquette, poussée par le désir de plaire, s'empare d'une belle parure au détriment d'une vieille marchande qui gagne péniblement sa vie. Quel est, à votre avis, le vol le plus coupable? Motivez votre opinion.

« L'ouvrier qui flâne quand le patron n'est pas là, ou qui ne fait pas exactement le travail convenu... » est-il honnête? —Vous avez lu qu'il était tout simplement un voleur. Trouvez-vous cette opinion justifiée ?

Questionnaire. — Le droit de propriété est-il légitime ? — Qu'est-ce que la probité ? — Le vol ? — A quels mobiles divers obéissent les voleurs ? — Quels sont les mobiles du vol qui aggravent encore cette faute ?

58e Leçon. — **Respect de la parole donnée**.

Précepte : *Tout homme de cœur est un homme de parole.*

Résumé. — Tous les hommes sont liés entre eux par des promesses, verbales ou écrites.

Quand on a pris un *engagement*, il faut le tenir. *Manquer de parole* est une faute ; c'est à la fois une injustice et une impolitesse. C'est aussi une dégradation morale qui compromet ou amoindrit la dignité et l'honneur.

Il ne faut jamais *promettre* à la légère, parce que « chose promise est chose due », à moins toutefois que la promesse n'ait été arrachée par contrainte, que les événements qui l'ont suivie n'aient montré l'inutilité de l'acte auquel elle engage, ou qu'il n'y ait eu erreur de la part des deux contractants.

Hormis ces circonstances, la chose promise doit être accomplie. Il faut s'habituer au *respect* de la *parole* donnée et y joindre l'habitude de l'*exactitude* et de la *ponctualité.*

Résolutions. — 1. Je ne ferai aucune promesse sans réflexion.

2. Je tiendrai ponctuellement mes engagements.

Pensées. — Manquer à sa parole, c'est tuer son honneur.

Le monde se désorganiserait si les contrats verbaux n'étaient pas obligatoires.   (*Vieux droit d'Irlande*.)

Tout homme de courage est homme de parole.

CORNEILLE.

Un secret confié est un précieux trésor en dépôt, que nul n'a le droit de faire circuler.

La révélation d'un secret est une faute irréparable.

La promesse d'un honnête homme est inviolable : jamais il ne doit manquer à sa parole, l'eût-il donnée à des fripons.

TURENNE.

Sujets de rédaction. — 1. Régulus, consul romain tombé au pouvoir des Carthaginois, fut envoyé à Rome, sur sa parole, pour proposer un échange de prisonniers. Il dissuada le sénat romain d'accepter ces propositions, résista aux supplications des siens et retourna à Carthage, où l'attendaient les plus affreux supplices. Appréciez ce bel exemple du respect de la parole donnée même aux plus implacables ennemis.

2. Le respect de la parole donnée. — Imaginez les conséquences que peut entraîner le fait de ne pas exécuter une promesse.

Problèmes moraux. — Vous avez promis à la légère d'accomplir une action qui exige de vous maintenant un certain effort. Avez-vous le droit de manquer de parole ?

Le prince Louis-Napoléon-Bonaparte, devenu président de la République, jura en 1848 de rester fidèle à la Constitution et de la défendre. En 1851, il faisait son coup d'État. Que pensez-vous de ce parjure ? — Cette violation d'un serment n'est-elle pas plus grave au point de vue social quand elle est accomplie par un homme politique, que lorsqu'elle est faite par un simple citoyen ?

Questionnaire. — Quelle double faute constitue le manquement à la parole donnée ? — Dans quels cas très rares est-il permis de manquer de parole ? — Pourquoi faut-il ne jamais s'engager sans réflexion à quelque chose que ce soit ? — Quelles autres qualités faut-il joindre au respect de la parole donnée ?

II. — DEVOIRS DE SOLIDARITÉ.

59ᵉ Leçon. — **La Solidarité**.

Précepte : *Ah ! rien d'humain ne m'est étranger !*

TÉRENCE.

Résumé. — Dans la société, les hommes sont entre eux comme les frères d'une même famille : ils ont *même origine, mêmes destinées*, et souvent *mêmes intérêts*.

La *solidarité* est le lien étroit qui unit les hommes et les porte à se soutenir mutuellement, à s'entr'aider, à s'aimer. Ils ne peuvent se désintéresser du bien commun, et la ruine ou le malheur des uns a toujours une influence sur le bien-être ou le bonheur des autres. Aussi les voit-on toujours venir en aide aux ouvriers de l'usine incendiée, aux habitants de la région dévastée par l'ouragan ou l'inondation, et les grandes calamités appellent les grands dévouements. La vie humaine n'est d'ailleurs qu'une action en commun, c'est-à-dire une application constante du principe de solidarité.

Résolutions. — 1. Je n'oublierai jamais que les hommes sont solidaires, que je dois partager leurs peines et leurs joies.

2. J'aurai de la sympathie pour tous les hommes, quels que soient leur race, leur pays et leurs idées.

3. J'assisterai mes semblables dans la mesure de mes moyens.

Pensées. — Dans la société humaine, tous les membres s'entr'aident les uns les autres ; tous contribuent à l'œuvre de tous.

Guyau.

Il faut autant qu'on peut obliger tout le monde.

La Fontaine.

Il se faut entr'aider, c'est la loi de nature.

La Fontaine.

Nous sommes meilleurs et plus heureux que nos devanciers ; faisons que notre postérité soit meilleure et plus heureuse que nous.

Ed. About.

L'homme n'est fort que par l'union.

Mirabeau.

L'individu ne peut presque rien quand il est seul ; il peut tout quand il unit ses efforts à d'autres efforts.

Ch. Bigot.

Tout homme qui remplit une fonction utile la remplit pour les autres.

G. Wagner.

Tous pour chacun, chacun pour tous.

L'humanité est une famille dans laquelle les forts et les heureux doivent assister les faibles et les malheureux.

Ch. Dupuy.

Chants. — *Solidarité* (voir page 221).

L'orphelin (voir page 224).

Sujets de rédaction. — 1. Montrez, à l'aide d'exemples, que nous avons tous besoin les uns des autres.

2. Expliquez ce vers de La Fontaine :

« Il se faut entr'aider, c'est la loi de nature. »

3. « L'union fait la force. » Développez ce proverbe en vous appuyant à la fois sur des raisons et sur des exemples.

4. Est-il juste et raisonnable de s'entr'aider ? Qu'arriver..it-il si dans un incendie, une inondation, ou une épidémie, chacun ne s'occupait que de soi ? Conclure en indiquant les bienfaits de la solidarité.

Problèmes moraux. — Un incendie s'étant déclaré dans la maison d'un voisin riche de votre village, chacun s'est précipité au secours de l'immeuble menacé. Seul, un autre de vos voisins est resté paisiblement sur le seuil de sa porte, à considérer les progrès du feu. A une personne qui lui a demandé la raison de son indifférence, il a répondu : « Le propriétaire de la maison est bien assez riche pour supporter cette perte..., et puis, cela ne me regarde pas. » Cette réponse est-elle conforme au sentiment de solidarité ? Voyez-vous, d'autre part, à quel mobile a obéi celui qui l'a faite ?

Vous avez entendu une personne dire qu'il était logique de s'assembler quand on était dans la joie ; mais qu'elle trouvait inexplicable que les malheureux, ceux qui peinent et souffrent, cherchassent à s'assembler. Elle dit que la joie décuple la joie ; et que la douleur des autres accroît la sienne propre. Ne pensez-vous pas, au contraire, que les malheureux, les travailleurs dans la pauvreté, doivent aimer ces réunions fraternelles ? Et ne croyez-vous pas qu'au lieu d'augmenter leur souffrance en considérant celle d'autrui, ils goûtent, dans ces réunions amicales, la consolation de se sentir compris les uns par les autres, et qu'ils peuvent adoucir leurs peines par quelques joies communes ?

Questionnaire. — Qu'est-ce que la solidarité humaine ? — Sur quoi est-elle basée ? — Comment se manifeste-t-elle le plus souvent ? — Citez des exemples. — Quels sont les avantages que chacun retire de la solidarité et quels sont les avantages que la société tout entière en retire ?

60ᵉ Leçon. — **La Fraternité.**

Précepte : *Aimez-vous les uns les autres, telle est la loi de la fraternité.*

Résumé. — La *fraternité* est cette sorte de sympathie affectueuse qui nous unit et nous fait aimer un « frère » dans chaque homme. C'est l'union des cœurs et des esprits, la suppression des haines et des rivalités, l'entente et la paix générales.

Toute distinction sociale ou de races doit disparaître devant ce sentiment. Les idées, les opinions de chacun n'y sont pas un obstacle quand on examine tout le bienfait qui naît avec la fraternité et tous les désavantages qu'apporte l'esprit de parti.

La fraternité n'est pas un vain mot. Elle se manifeste autour de nous par les nombreuses *associations* fraternelles (sociétés de secours mutuels), par les *œuvres philanthropiques* de tout genre (crèches, hospices, hôpitaux, bureaux de bienfaisance, etc.).

Les nations elles-mêmes ont une tendance à se rapprocher, à se *solidariser*. Le jour n'est peut-être pas très éloigné où l'entente régnera par le monde et où la *fraternité universelle* sera réalisée.

Résolutions. — 1. Tout en aimant mes compatriotes plus particulièrement que les hommes d'autre langage, d'autres mœurs, je considérerai l'humanité tout entière comme une vaste famille.

2. Je contribuerai suivant mes moyens aux œuvres de charité et de fraternité.

3. Je ferai partie d'une société de secours mutuels.

Pensées. — Tous les hommes doivent s'aimer comme des frères.

La fraternité est un sentiment spontané que les lois sont impuissantes à produire.

Lorsque la fraternité règne parmi les hommes, chacun reçoit de tous autant qu'il donne à tous.

G. COMPAYRÉ.

L'amour de l'humanité, dans une âme bien réglée, existe à côté de l'amour de la famille et de l'amour de la patrie.

J. SIMON.

Il fait partie de notre patriotisme français d'aimer l'humanité et de la servir.

Les tristesses de la vie se dissipent aux rayons de la fraternité comme les gelées d'automne fondent le matin au soleil levant.

Ouvrons notre cœur à la sympathie et notre esprit aux idées de bienveillance et d'apaisement.

CH. DUPUY.

Les hommes, étant tous frères, ont le devoir étroit de travailler au bien commun et de diminuer dans la mesure du possible les inégalités sociales.

J. LE PEYRE.

Chant. — *Hymne des temps futurs* (voir page 225).

Sujets de rédaction. — 1. Montrez comment un enfant peut s'habituer dès l'école à la pratique de la fraternité.

2. Votre frère aîné est ouvrier à la ville, votre cadet travaille à la campagne. Comment chacun d'eux peut-il, dans son milieu, pratiquer le sentiment de la fraternité ? Donnez des exemples.

3. Par une froide soirée d'hiver, un petit orphelin, demi-nu et mourant de faim, vient frapper à la cabane d'un bûcheron chargé d'une nombreuse famille. Malgré sa pauvreté, le bûcheron, ému de pitié, adopte l'enfant. Imaginez un récit d'après ces données.

4. Citez quelques grands bienfaiteurs de l'humanité. Qu'ont-ils fait pour leurs semblables ?

Problèmes moraux. — Deux savants ont réalisé ensemble une importante découverte. L'un voudrait en faire bénéficier exclusivement sa patrie, l'autre désirerait en faire profiter l'humanité entière. Pour lequel prenez-vous parti ? Donnez les raisons de votre préférence.

Un petit colporteur, d'origine étrangère, s'arrête de temps en temps dans votre localité pour y vendre sa marchandise. Un jour, pris d'une indisposition subite, il tombe inanimé sur la route. Le père Guillaume, votre voisin, témoin de l'accident, refuse de le secourir parce que l'enfant n'est pas Français. Une autre personne n'hésite pas, au contraire, à le prendre dans ses bras, à le porter chez elle et à le soigner comme s'il était son propre fils. Appréciez la conduite de ces deux personnes.

Questionnaire. — En quoi consiste la fraternité humaine ? — Comment se manifeste-t-elle le plus souvent autour de nous ? — De quelle façon chaque homme peut-il l'exercer ? — Dans l'amour de nos semblables faut-il tenir compte des distinctions sociales, des races, des idées ? Dans quel sens ?

61e Leçon. — **Devoirs de charité.**

Précepte : *La charité est le don de soi-même.*

Résumé. — Le principe des devoirs de charité : « *fais à autrui ce que tu voudrais qu'on te fît* » a beaucoup de similitude avec celui des devoirs de justice : « *ne fais pas à autrui ce que tu ne voudrais pas qu'on te fît* ». L'un ordonne l'assistance, l'autre défend l'injustice envers nos semblables.

Nous devons soulager, dans la mesure de nos forces et de nos ressources, les souffrances physiques et morales d'autrui, encourager les faibles, les opprimés que l'infortune ou le désespoir poussent si souvent au vol ou au crime : cette obligation s'appelle la *charité*. Les principales formes de la charité sont : la *bonté*, la *bienfaisance*, la *reconnaissance*, la *générosité* et le *dévouement*.

Résolutions. — 1. Je ne laisserai pas, autant qu'il sera en mon pouvoir, un homme souffrir de la faim et du froid.

2. Quand je ferai la charité, je la ferai avec discrétion.

3. J'assisterai mon prochain par les encouragements au

travail, les bons conseils qui relèvent la dignité humaine plutôt que par une aumône mal entendue.

Pensées. — C'est dans l'amour de l'humanité que nous devons nous aimer nous-mêmes.

C. SECRÉTAN.

Pleurez avec ceux qui pleurent, réjouissez-vous avec ceux qui se réjouissent.

SAINT PAUL.

Avec ton or, donne ton cœur.

On n'emporte en mourant que ce qu'on a donné.

Emile DESCHANEL.

La vengeance la plus noble, c'est le pardon.

MABIRE.

Chants. — *Justice et Charité* (voir page 219).

Le Renard et la Cigogne (voir page 222).

Sujets de rédaction. — 1. Dans quelle mesure un enfant qui a bon cœur peut-il venir en aide à un malheureux camarade ?

2. Développez au moyen d'exemples cette pensée : « Au point de vue social, il vaut mieux faire cent ingrats qu'un malheureux. »

Problèmes moraux. — Que répondriez-vous si l'on vous disait que la justice suffit pour la vie sociale, et qu'avec la prévoyance il n'y aurait pas de misère à soulager ? Comment un travailleur économe peut-il se trouver dans la misère ?

Vous venez de faire l'aumône à un malheureux. Le voilà pour un instant soulagé dans sa misère. Avez-vous cependant accompli tout votre devoir social ? Que pourriez-vous faire pour que votre action soit plus profitable à ce malheureux ?

Questionnaire. — Sur quel principe reposent les devoirs de charité ? — Le malheureux sans logis et sans pain peut-il avoir une grande force morale ? — A quoi est-il exposé ? — Quel est le devoir des autres hommes ? — Chacun peut-il se montrer charitable ?

62ᵉ Leçon. — **Les formes de la charité.**

Précepte : *Le bonheur appartient à qui fait des heureux.*

VICTOR HUGO.

Résumé. — La *bonté* se manifeste souvent par le pardon des ingratitudes et des injures.

La *bienfaisance* est un élan du cœur qui se traduit en général par l'aumône.

L'*aumône* consiste à faire aux nécessiteux des dons en nature ou en espèces.

Il faut donner avec discrétion et discernement.

La *reconnaissance* est un sentiment bien naturel qui consiste à garder le souvenir des bienfaits et à obliger, si possible, nos bienfaiteurs.

Le sentiment opposé à la reconnaissance est l'*ingratitude.*

Une des formes les plus élevées de la charité est la *générosité,* qui nous fait rendre le bien pour le mal. La *vengeance* est contraire à la générosité.

Le *dévouement* ou don de soi est l'expression la plus noble du cœur humain. Ce sentiment pousse l'homme au sacrifice spontané de sa vie pour secourir ses semblables.

L'extrême dévouement constitue l'*héroïsme,* qui engendre les actes éclatants dont notre histoire offre de si beaux exemples.

Résolutions. — Je pratiquerai l'aumône.

2. Je m'efforcerai de rendre le bien pour le mal.

3. Je consacrerai mes forces, mon savoir, mes richesses et même ma vie à secourir mes semblables.

Pensées. — Les bienfaits les plus agréables et qui vivent le plus dans les cœurs sont ceux qui viennent au-devant de nous.

SÉNÈQUE.

Lorsque tu fais l'aumône, que ta main gauche ignore ce que fait ta main droite.

La délicatesse dans l'aumône est la grâce du bienfait.

SULLY-PRUDHOMME.

Il ne faut pas s'appliquer seulement à soulager la misère, mais il faut travailler à la détruire.

J. BARNI.

Écrivez les injures sur le sable et les bienfaits sur le marbre.

Soyez celui qui lutte, aime, console, pense, pardonne, et qui pour tous souffre.

V. HUGO.

Donnez du peu que vous avez à ceux qui ont encore moins.

LACORDAIRE.

Ne te borne pas à donner de l'argent, sache aussi donner tes soins, ton temps, tes lumières, et ces affections consolatrices qui sont souvent plus précieuses que les secours.

BARRAU.

Qui donne à temps donne deux fois.

Le vrai moyen d'adoucir ses peines, c'est de soulager celles d'autrui.

Mme DE MAINTENON.

Dévouez-vous sans rien attendre ; il n'y a pas d'autre dévouement.

Consacrez-vous à votre prochain pour l'amour de lui.

Ch. SECRÉTAN.

Tel donne à pleines mains qui n'oblige personne :
La façon de donner vaut mieux que ce qu'on donne.

CORNEILLE.

Sujets de rédaction. — 1. Les causes, les formes et les effets de la charité.

2. Citez un acte de bienfaisance, un acte de clémence, un acte de générosité, et dites quelles réflexions vous ont suggérées ces belles actions.

Problèmes moraux. — « Donne suivant tes moyens... Ne t'apitoie pas... évite la compassion, » disaient les philosophes de l'antiquité. « Partage les douleurs d'autrui, prodigue des soins et des consolations, et surtout, donne-toi toi-même, » voilà le principe fondamental de la charité des peuples modernes. De ces deux manières d'interpréter la bienfaisance, quelle est à votre avis la meilleure ? Justifiez votre opinion.

Deux personnes se dévouent pour leurs semblables. La première agit sans discernement et ses actes de charité sont quelquefois préjudiciables à l'obligé. La seconde met moins d'enthousiasme dans ses bonnes œuvres ; elle se renseigne et réfléchit, de sorte que son secours devient souvent plus utile que celui de la première personne. Laquelle, d'après-vous, comprend le mieux la charité ? et pourquoi l'imiterez-vous ?

Un calomniateur a, dans votre commune, porté atteinte à la réputation de deux personnes jusque-là très estimées. Il ne tarde pas à recevoir son châtiment : la faillite d'un banquier le ruine complètement. Sans lui vouloir du mal, la première personne calomniée pense que c'est justice et s'abstient de lui venir en aide ; la seconde va au-devant de son ennemi, lui tend la main, l'aide par ses conseils et ses secours à surmonter cette épreuve. Laquelle des deux a été inspirée par la justice ? — par la générosité ?

Questionnaire. — Quelles sont les principales formes de la charité ? — Qu'est-ce que la bonté ? — Qu'est-ce que la bienfaisance ? — Comment peut-elle s'exercer ? — Qu'est-ce que la générosité ? — Quel défaut lui est opposé ? — En quoi consiste la vengeance ? — Qu'est-ce que le dévouement ? — l'héroïsme ? — la reconnaissance ? — Quel défaut est opposé à la reconnaissance ?

63e Leçon. — **L'Amitié**.

Précepte : *Ne vous liez qu'avec ceux qui marchent dans la voie du bien, ceux dont la conduite est irréprochable.*

Résumé. — Les liens étroits de la *solidarité* nous unissent à tous nos semblables. Mais en même temps que cet amour du prochain, qui est fait de *justice* et de *fraternité*, se développe dans nos cœurs, une sympathie plus profonde et plus intime, fondée sur une communauté parfaite de goûts et de sentiments, nous unit plus étroitement à certaines personnes. C'est *l'amitié*. L'amitié parfaite est rare. Il faut en approcher le plus possible, en choisissant ses amis parmi les gens de bien.

L'amitié est un des *charmes* les plus purs de la vie. Elle *fortifie* ; elle repose ; elle *console*. Elle parfume et fait aimer l'existence. En goûtant les joies de l'amitié, on désire étendre à tous les hommes l'affection particulière qui unit à quelques-uns.

Résolutions. — 1. J'aimerai tous mes camarades ; mais je ne choisirai pour amis que les meilleurs d'entre eux.

2. Entre mes amis et moi, il y aura une émulation constante pour notre perfectionnement moral.

3. Mes amitiés ne seront pas exclusives et je m'efforcerai de n'avoir de l'indifférence pour personne.

Pensées. — Le plus grand des trésors de la vie, c'est un cœur fidèle dans lequel on peut verser le sien.

Vauvenargues.

Si tout est rien pour l'indifférence, un rien est tout pour l'amitié.

L'amitié est ce qu'il y a de plus nécessaire à la vie, car il n'est personne qui consente à vivre privé d'amis, possédât-il tous les autres biens.

ARISTOTE.

Une confiance réciproque rend les amitiés stables.

Si tu as un ami, visite-le souvent, car les épines et les broussailles hérissent le chemin où personne ne marche.

Proverbe oriental.

La seule occasion où nous ne devons pas craindre d'offenser un ami, c'est lorsqu'il s'agit de lui dire la vérité et de lui prouver ainsi notre fidélité.

Appliquons-nous à écarter toute cause de rupture; si cependant il en arrive quelqu'une, que l'amitié paraisse plutôt éteinte qu'étouffée.

CICÉRON.

Les amis véritables n'ont qu'une âme.

L'amitié est pour l'âme ce que le soleil est pour la fleur.

Celui qui se connaît au bien est aussi celui qui s'entend à aimer.

ÉPICTÈTE.

La pureté et le bonheur de nos vies dépendent en grande partie du choix sage de nos compagnons et de nos amis; s'ils sont mal choisis, ils nous feront véritablement déchoir; s'ils sont bons, ils nous élèveront.

J. LUBROCK.

Chants. — *L'amitié* (voir page 227).

Les deux amis (voir page 228).

Sujets de rédaction. — 1. Quelles qualités exigeriez-vous d'un camarade pour en faire un ami ?

2. Montrez au moyen d'exemples les services mutuels que se rendent deux amis véritables.

Problèmes moraux. — Vous vous étiez fait parmi vos camarades un nouvel ami. Vous venez de vous apercevoir qu'il est bavard et menteur. Votre amitié naissante en souffrira-t-elle ?

Deux jeunes gens ont récemment quitté leur pays pour aller en apprentissage dans une ville où ils font chacun le choix d'un ami. L'un s'applique d'abord à étudier le caractère et la conduite de la personne qui lui plaît ; l'autre donne à la légère son affection et sa confiance à un jeune homme dont la physionomie est très avenante, sous prétexte que celui-ci porte sur son visage les marques de la franchise et de la bonne humeur. Si vous étiez dans le même cas, agiriez-vous comme le premier ou comme le second apprenti ? Pourquoi ?

Questionnaire. — Qu'est-ce que l'amitié ? — Sur quoi est fondée la bonne amitié ? — Quelles conditions doit réaliser le choix d'un ami ? — Quels sont les avantages de l'amitié ?

64e Leçon. — **La Politesse.**

Précepte : *La politesse donne cours au mérite et le rend agréable.*

Résumé. — « Mettez-vous bien dans l'esprit, une fois pour toutes, que quelque vertu, quelque mérite, quelque talent et quelques bonnes qualités que vous puissiez avoir d'ailleurs, vous serez insupportable aux honnêtes gens *si vous ne savez pas vivre...* Quelque chose que vous fassiez, prenez garde à ne fâcher personne et à n'incommoder qui que ce soit ; c'est de quoi il faut être toujours occupé, si l'on ne veut déplaire presque incessamment. » (Mme de MAINTENON.)

« Céder son tour à quelqu'un qui est pressé, céder la meilleure place à une femme ou à une personne plus âgée, se priver d'un plaisir pour ne pas incommoder des personnes délicates ou souffrantes, voilà des actes de *vraie politesse*. Vous le voyez, un égoïste ne peut être poli, parce qu'il est incapable de s'imposer la moindre gêne pour le plaisir d'autrui; la bonté est la source même de la vertu. » (A. VESSIOT.)

Il ne faut pas confondre la politesse avec la *flatterie*. Celle-ci est une politesse toujours outrée, jamais désintéressée, qui dénote chez celui qui flatte un esprit sournois et faux.

Résolutions. — 1. Je serai poli dans mon attitude, mes paroles et mes actes, non seulement à l'égard de mes supérieurs, mais aussi envers mes égaux et mes inférieurs.

2. Je n'hésiterai pas à m'imposer quelque incommodité, quelque gêne, pour faire plaisir à mes semblables.

3. Je me souviendrai que la politesse est un devoir qui élève et honore, qui coûte peu de peine et rapporte beaucoup d'estime.

Pensées. — L'esprit de politesse est une certaine attention à faire que, par nos paroles et par nos manières, les autres soient contents de nous et d'eux-mêmes.

LA BRUYÈRE.

> La politesse est à l'esprit
> Ce que la grâce est au visage.
> De la bonté du cœur elle est l'image,
> Et c'est la bonté qu'on chérit.

VOLTAIRE.

La politesse est un art qu'on ne peut ni apprendre ni enseigner par le moyen des livres : il n'y a que les bonnes compagnies et les sérieuses réflexions sur ce qui se passe qui puissent en procurer la connaissance.

LOCKE.

La politesse consiste essentiellement dans le respect délicat des personnes et particulièrement dans le respect de leur sensibilité.

Sujets de rédaction. — 1. La politesse dans la rue, à l'école, dans la famille.

2. Ce qui distingue la politesse de la flatterie. De quelles façons différentes traite-t-on une personne polie et un flatteur?

Problèmes moraux. — Deux jeunes filles de votre connaissance sont également vertueuses et instruites; l'une néglige les bonnes manières, le bon maintien dans les paroles et dans les actions, tandis que l'autre en fait un constant usage. Laquelle de ces deux personnes, à votre avis, sera le plus sociable? Motivez votre choix.

Si, en faisant l'aumône, vous vous montrez brutal, pensez-vous avoir fait le bien? Si en causant avec vos camarades, il vous échappe des paroles inciviles, discourtoises, avez-vous fait acte de justice et preuve d'affection? Si vous vous êtes refusé à laisser le passage à une personne âgée dans la rue, avez-vous été poli? charitable? Montrez, en vous appuyant sur chacun de ces exemples, combien la politesse est nécessaire, et qu'elle est le complément indispensable de tout bon sentiment, de toute bonne action.

Questionnaire. — La politesse est-elle indispensable à l'homme qui vit en société? Que rend-elle plus agréable? — Est-elle nécessaire à la vertu, au talent, au mérite? Citez des actes de politesse. — Les égoïstes sont-ils polis? — Sur quelle vertu repose donc la politesse?

LEÇON RÉCAPITULATIVE

La vie sociale : Justice et Solidarité.

Précepte : *Soyons tous justes, et tendons-nous des mains fraternelles.*

Résumé. — L'homme est né pour vivre en société, et cette existence en commun, si elle lui procure des avantages, lui impose aussi des devoirs à remplir. Tous ces devoirs émanent des deux grandes conditions du bonheur commun : ce sont la *justice* et la *solidarité*.

Si la justice est *nécessaire* dans la vie sociale, elle n'est *pas suffisante*, il faut, pour y trouver le bonheur, que les hommes soient ensemble comme des frères, qu'il y ait entre eux *concorde* et *amour*.

Devoirs de justice. — Ne fais pas à autrui ce que tu ne voudrais pas qu'on te fît.

Devoirs envers notre prochain : Respecter tous les droits d'autrui, c'est être juste.

Respect de la vie humaine : Tu ne tueras pas.

Respect de la liberté : Tu ne porteras jamais atteinte à la liberté de tes semblables.

Respect de la réputation : Tu ne mentiras point.

La médisance et la calomnie révèlent un orgueilleux ou un malveillant.

Respect des croyances : Sois tolérant.

Respect de la propriété : Sois probe et strictement honnête.

Respect de la parole donnée : La parole d'un honnête homme vaut un écrit.

Devoirs de solidarité. — Fais à autrui ce que tu voudrais qu'on te fît.

La solidarité : La justice est incomplète sans la solidarité.

La fraternité : Aime tes semblables.

La charité : Tends une main secourable aux malheureux.

Les formes de la charité : Remplis tes devoirs de charité avec empressement et discrétion.

L'amitié. — Ne te lie d'amitié qu'avec des gens honnêtes.

La politesse. — Dans les relations sociales, la politesse met un parfum de bonté.

Pensées. — La justice est la source commune de toutes les vertus sociales.

Nul ne doit être inquiété pour ses opinions, même religieuses, pourvu que leur manifestation ne trouble pas l'ordre public établi par la loi. (*Déclaration des Droits de l'homme et du citoyen*, article 10.)

Le voleur est un lâche que le travail effraie.

Il est trois circonstances dans lesquelles le monde agonise : la peste, une guerre générale et la violation des contrats.

(*Vieux droit d'Irlande.*)

Dans le bonheur d'autrui, je cherche mon bonheur.

Partager les douleurs d'autrui, lui prodiguer soins et consolations, et surtout se donner soi-même, voilà le principe fondamental de la vraie charité.

Le plus grand des trésors de la vie, c'est un cœur fidèle dans lequel on peut verser le sien.

Soyez toujours polis, même à l'égard de vos plus grands ennemis.

Lecture.

1. La Solidarité.

Les individus à qui je dois la vie, et ceux qui m'ont fourni le nécessaire, et ceux qui ont cultivé mon âme, et ceux qui m'ont communiqué leurs talents, peuvent n'être plus ; mais les lois qui protègent mon enfance ne meurent point ; les bonnes mœurs dont j'ai reçu l'heureuse habitude, les secours que j'ai trouvés prêts au besoin, la liberté civile dont j'ai joui, tous les biens que j'ai acquis, tous les plaisirs que j'ai goûtés, je les dois à cette police (1) universelle qui dirige les soins publics à l'avantage de tous les hommes, qui prévoyait mes besoins avant ma naissance, et qui fera respecter mes cendres après ma mort. Ainsi, mes bienfaiteurs peuvent mourir, mais tant qu'il y a des hommes, je suis obligé de rendre à l'humanité les bienfaits que j'ai reçus d'elle.

J.-J. ROUSSEAU.

---

(1) Police veut dire ici organisation.

2. Bienfaisance et Discrétion.

Un jour que je me promenais sur les falaises, je vis sur l'herbe drue un homme dont les vêtements annonçaient la plus affreuse misère ; un vieux chapeau fauve et chauve était rabattu sur ses yeux ; son habit avait été noir et avait eu des boutons ; ses bas s'étaient percés à travers les trous de ses bottes ; sa barbe accusait une végétation de cinq à six jours.

Ému de compassion, je m'arrêtai à contempler ce spécimen d'une triste misère. Tout à coup je tirai de ma bourse une pièce de cinq francs et je l'enveloppai bien serrée dans un morceau de journal. Alors, faisant un détour, je m'avançai presque en rampant jusqu'à l'homme endormi. J'avais aperçu une poche de pantalon béante, depuis longtemps dépourvue du bouton destiné à la fermer ; car pourquoi l'aurait-on fermée ? Je faisais un pas, puis j'attendais que le léger bruit que fait en se relevant l'herbe comprimée ait cessé. Jamais un chat, voulant surprendre un oiseau, ne fut plus patient. Jamais un voleur ne retint autant son haleine. J'arrivai debout derrière la tête du dormeur ; là je me permis de respirer franchement une fois. Puis je me baissai lentement, puis j'étendis le bras, et j'insinuai doucement ma main dans cette poche béante, affamée ; puis j'y posai le petit paquet. Je retirai ma main, je me relevai, je m'éloignai avec les mêmes précautions, le pauvre diable ne s'était pas réveillé.

Oh ! le cher homme, quel grand plaisir il me fit ce jour-là ! et comme j'aurais voulu, par reconnaissance, lui avoir donné davantage ! Si par hasard ces lignes tombent sous ses yeux, qu'il reçoive mes remerciements.

A. KARR.

Récitation.

L'Aveugle et le Paralytique.

Aidons-nous mutuellement :
La charge de nos maux en sera plus légère ;
Le bien que l'on fait à son frère

Pour le mal que l'on souffre est un soulagement.

. . . .

Dans une ville de l'Asie,
Il existait deux malheureux :
L'un perclus, l'autre aveugle, et pauvres tous les deux.
Ils demandaient au ciel de terminer leur vie ;
Mais leurs cris étaient superflus,
Ils ne pouvaient mourir. Notre paralytique,
Couché sur un grabat dans la place publique,
Souffrait sans être plaint : il en souffrait bien plus.
L'aveugle, à qui tout pouvait nuire,
Était sans guide et sans soutien,
Sans avoir même un pauvre chien
Pour l'aimer et pour le conduire.
Un certain jour, il arriva
Que l'aveugle, à tâtons, au détour d'une rue,
Près du malade se trouva ;
Il entendit ses cris, son âme en fut émue :
Il n'est tel que les malheureux
Pour se plaindre les uns les autres.
« J'ai mes maux, lui dit-il, et vous avez les vôtres :
Unissons-les, mon frère, ils seront moins affreux.
— Hélas ! dit le perclus, vous ignorez, mon frère,
Que je ne puis faire un seul pas :
Vous-même vous n'y voyez pas :
A quoi nous servirait d'unir notre misère ?
— A quoi ? répond l'aveugle ; écoutez : à nous deux
Nous possédons le bien à chacun nécessaire ;
J'ai des jambes, et vous des yeux.
Moi, je vais vous porter ; vous, vous serez mon guide :
Vos yeux dirigeront mes pas mal assurés.
Mes jambes, à leur tour, iront où vous voudrez ;
Ainsi, sans que jamais notre amitié décide
Qui de nous deux remplit le plus utile emploi,
Je marcherai pour vous, vous y verrez pour moi. »

FLORIAN.

Sujets de rédaction. — 1. Racontez un acte de justice et un acte de charité dont vous avez été témoin. Quelles réflexions vous a suggérées l'accomplissement de ces actes?

2. Vous avez récemment été victime d'une injustice. Exposez votre cas et dites quels sentiments vous a inspirés cette mauvaise action.

3. Montrez la mesure dans laquelle une personne aisée et charitable peut secourir les malheureux.

5. Racontez un acte de dévouement qui a eu lieu récemment dans votre village, lors de l'incendie d'une ferme voisine.

6. Parlez du dévouement d'un jeune homme qui se jette à l'eau pour sauver son ennemi personnel.

JUSTICE ET CHARITÉ

Paroles de CHANTAVOINE (¹).   Musique de GERSBACH
                                           (1787-1830).

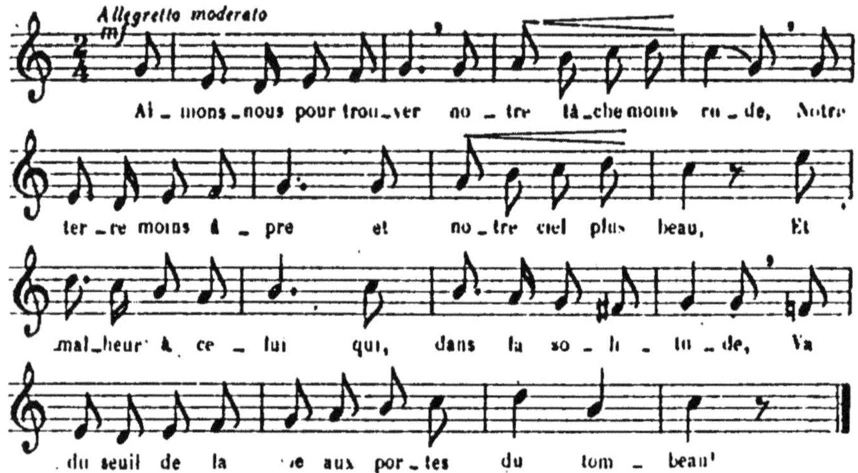

1.

Aimons-nous pour trouver notre tâche moins rude,
Notre terre moins âpre et notre ciel plus beau ;
Et malheur à celui qui, dans la solitude,
Va du seuil de la vie aux portes du tombeau.

2.

Aimons l'homme, malgré son erreur et sa faute,
Consolons sa misère avec notre amitié ;
Ce qui rend le cœur bon fait aussi l'âme haute,
C'est d'avoir peu d'orgueil et beaucoup de pitié.

(¹) Delagrave, édit.

3.

Donc, pitié pour tous ceux que l'infortune assaille,
Pitié même à la haine et pardon aux remords ;
Pitié pour les vaincus de la dure bataille ;
Aimons les malheureux comme on aime les morts.

4.

Plaignons celui qui pleure, aidons celui qui lutte ;
Relevons doucement en lui tendant les bras
L'homme même déchu qui gémit de sa chute ;
Baissons-nous jusqu'à lui s'il est tombé trop bas.

5.

La justice a changé la face de la terre,
Mais, si la charité remontait dans les cieux,
L'homme se trouverait comme un enfant sans mère,
L'âme mélancolique et le front soucieux.

6.

Servons-les l'une et l'autre : ardents d'un même zèle,
Comme les habitants d'une même cité,
Resserrons fortement l'alliance éternelle
Dont le pacte solide a fait l'humanité.

SOLIDARITÉ

Paroles de CHANTAVOINE.   Mélodie populaire.

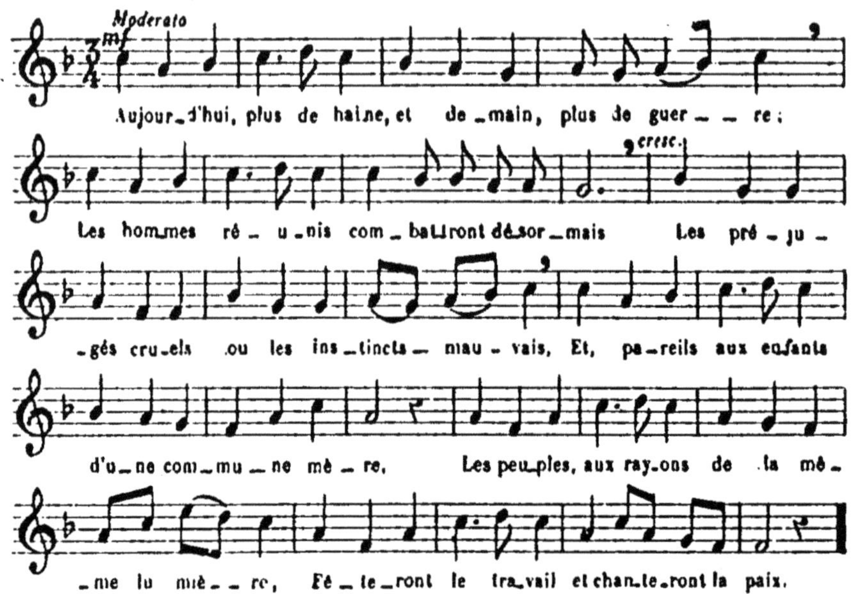

1.

Aujourd'hui, plus de haine, et demain, plus de guerre ;
Les hommes réunis combattront désormais
Les préjugés cruels ou les instincts mauvais,
Et, pareils aux enfants d'une commune mère,
Les peuples, aux rayons de la même lumière,
Fêteront le travail et chanteront la paix.

2.

Riche ou pauvre, chacun, dans la famille humaine,
Aimera son semblable et lui tendra la main ;
Chacun soulagera la veuve et l'orphelin,
Et, protégés tous deux par la loi souveraine,
Le riche, sans orgueil, et le pauvre, sans haine,
Iront d'un pas égal par le même chemin.

LE RENARD ET LA CIGOGNE

Paroles de ARRENAUD (¹).   Air populaire.

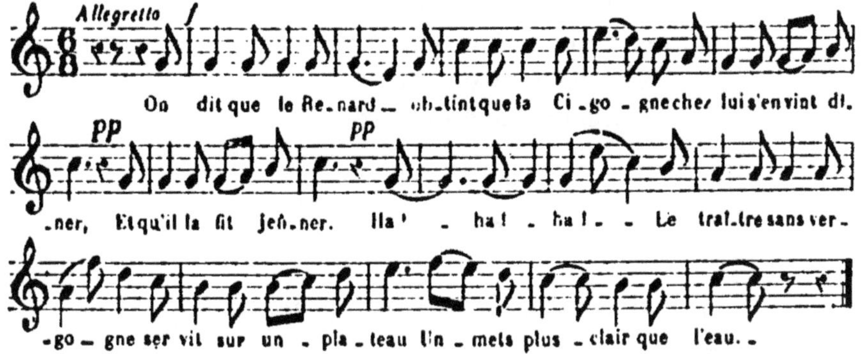

1.

On dit que le Renard obtint que la Cigogne
Chez lui s'en vint dîner,
Et qu'il la fit jeûner.
Ha ! ha ! ha ! Le traître sans vergogne
Servit sur un plateau
Un mets plus clair que l'eau.

2.

La dame au si long bec n'en eut pas une miette
Tandis que le gourmand
Le lape en un moment.
Ha ! ha ! ha ! Surprise, la pauvrette
Chez elle alla manger,
Jurant de se venger.

(¹) Hachette, édit.

3.

Le sot n'ayant plus rien passa chez sa voisine ;
L'arome qu'il sentit
Doubla son appétit.
Ha ! ha ! ha ! C'était une cuisine
Soignée avec un art
A prendre un fin renard.

4.

A peine il ose entrer. C'est elle qui l'invite :
« C'est l'heure du goûter,
Il peut en profiter. »
Ha ! ha ! ha ! Sa joie est sans limite :
Il se met à flairer,
Prêt à tout dévorer.

5

La chère mijotait aux flancs d'une bouteille ;
Un bec peut s'y glisser ;
Renard doit s'en passer.
Ha ! ha ! ha ! On lui rend la pareille !
Lui qui s'est cru si fin
Rage et connaît la faim.

L'ORPHELIN (¹)

Paroles de ARRENAUD.   Air populaire.

1.

Rosé par la lumière
Naissante et printanière,
L'enfant quittait sa mère
Qui le suivait des yeux.
Il fuit d'un pas rebelle ;
Vainement sa voix l'appelle ;
Puis il revient vers elle
Avec des cris joyeux.

2.

Au seuil de la chaumière,
Sur l'un des bancs de pierre,
Il fait asseoir sa mère,
En la couvrant de fleurs.
Ce jeu rempli de grâce
Ce transport que rien ne lasse
Frappe un enfant qui passe,
Les yeux mouillés de pleurs.

3.

Surpris de sa tristesse,
L'enfant que l'on caresse,
Laissant les fleurs qu'il tresse,
Le montre avec la main.
La mère en sa demeure
Rentre avec son fils sur l'heure,
Et dit : « L'enfant qui pleure,
Hélas ! est orphelin ! »

4.

« Aidons l'enfant sans mère.
Devant tant de misère,
L'aumône est trop légère ;
Sois bon en l'assistant. »
L'obole et la caresse
Ont raison de la détresse.
L'heureux prend la tristesse
Et l'autre va content.

(¹) DANHAUSER, *Chants pour les écoles.* Hachette, édit.

HYMNE DES TEMPS FUTURS (¹)

Paroles de M. Bouchor.

Chant de l'*Ode à la joie*.
Symphonie avec chœur de Beethoven.

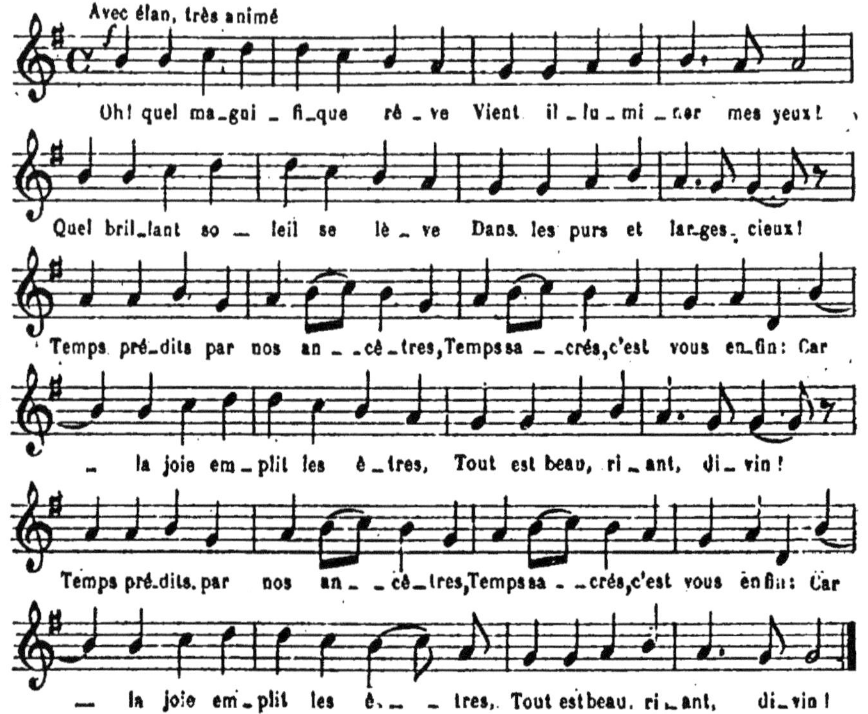

1.

Oh ! quel magnifique rêve,
Vient illuminer mes yeux !
Quel brillant soleil se lève
Dans les purs et larges cieux !
Temps prédits par nos ancêtres,
Temps sacrés, c'est vous enfin :
Car la joie emplit les êtres,
Tout est beau, riant, divin !

} *bis.*

(¹) M. Bouchor et J. Tiersot, *Chants populaires pour les écoles.*
Hachette, édit.

2.

On ne voit que fleurs écloses
Près des murmurantes eaux ;
Plus suaves sont les roses,
Plus exquis les chants d'oiseaux.
Pour mener gaîment nos rondes
Nous cherchons les bois ombreux ;
Mers, vallons, forêts profondes,
Comme nous tout semble heureux.

bis.

3.

Plus de fratricides luttes !
Plus de larmes, plus de sang !
Il s'élève un chant de flûtes ;
Calme et doux, le soir descend.
O merveille ! la tendresse
En un seul fond tous les cœurs,
Et l'amour qui nous oppresse
Va jaillir en cris vainqueurs.

bis.

4.

Paix et joie à tous les hommes
Dans les siècles à venir !
Mais Celui par qui nous sommes,
C'est lui seul qu'il faut bénir.
Les cieux s'ouvrent : plus de voiles !
Rien n'est sombre pour l'esprit.
Là, plus haut que les étoiles,
Dieu rayonne et nous sourit.

bis.

L'AMITIÉ

Paroles de VOLTAIRE.

Mélodie populaire.

1.

Pour les cœurs corrompus, l'amitié n'est point faite,
O divine amitié, félicité parfaite,
Seul mouvement de l'âme où l'excès soit permis,
Change en biens tous les maux où le ciel nous a mis.

2.

Compagne de mes pas dans toutes mes demeures,
Dans toutes les saisons et dans toutes les heures,
Sans toi tout homme est seul; il peut, par ton appui,
Multiplier son être et vivre dans autrui.

LES DEUX AMIS

Paroles de La Fontaine.   Musique de Gluck (1714-1787).

Qu'un ami véritable est une douce chose !
Il cherche vos besoins au fond de votre cœur ;
Il vous épargne la pudeur de les découvrir vous-même.
Un songe, un rien, tout lui fait peur,
Quand il s'agit de ce qu'il aime.

CHAPITRE VII

DEVOIRS ENVERS LES ANIMAUX

65ᵉ Leçon.

Précepte : *Plus font bonnes paroles que mauvais traitements.*

Résumé. — Les animaux sont, comme les hommes, accessibles à la douleur et au plaisir. Nous devons, non seulement *respecter leur vie* et ne pas les *détruire sans nécessité*, mais encore ne pas les faire *souffrir inutilement.*

La cruauté envers les animaux amoindrit la sensibilité et nous amène forcément à la dureté de cœur envers nos semblables.

Il est permis — c'est même une nécessité — de détruire les animaux nuisibles ou dangereux, de tuer ceux qui servent à notre nourriture ou à des expériences scientifiques. Dans ces divers cas, on doit user de moyens propres à abréger leurs souffrances : les torturer serait une odieuse cruauté.

La loi morale réprouve et nos lois civiles condamnent la *destruction* des nids d'oiseaux, la *dépopulation* des forêts et des cours d'eaux, les *mauvais traitements* envers les animaux domestiques, les *courses de taureaux*, les *combats de coqs*, etc.

La *loi Grammont* (¹), du 2 juillet 1850, protège les animaux et frappe de pénalités les brutes qui ont la sottise et la méchanceté de les maltraiter.

Oh ! pitié pour la chair qui palpite et qui souffre !

Il existe en France une *Société protectrice des animaux* (²).

Résolutions. — 1. Je sais que les animaux sentent la douleur et souffrent; aussi je ne les maltraiterai jamais.

2. Je ne dénicherai pas les oiseaux.

3. Sous le prétexte que des animaux utiles, comme le crapaud ou l'araignée, sont laids ou repoussants, je ne les détruirai pas.

Pensées. — Dur envers les bêtes, dur envers les gens.

Respectez les crapauds autant que les oiseaux : ils nous sont d'une aussi grande utilité.

Quand on est cruel envers les animaux, on est près d'être sans pitié pour ses semblables.

Quiconque fait du mal aux bêtes est un barbare et un sot.

(¹) *Seront punis d'une amende de cinq à quinze francs, et pourront l'être de un à cinq jours de prison, ceux qui auront exercé publiquement et abusivement de mauvais traitements envers les animaux domestiques. La peine de la prison sera toujours appliquée en cas de récidive.*

(²) Son siège social est à Paris, 84, rue de Grenelle.

Lecture.

La vache.

Pour le naturaliste, la vache est un animal ruminant ; pour le promeneur, c'est une bête qui fait bien dans le paysage lorsqu'elle lève au-dessus des herbes son mufle noir humide de rosée ; pour l'enfant des villes, c'est la source du café au lait et du fromage à la crème ; mais pour le paysan, c'est bien plus et mieux encore. Si pauvre qu'il puisse être, et si nombreuse que soit sa famille, il est assuré de ne pas mourir de faim tant qu'il a une vache dans son étable.

Avec une longe nouée autour des cornes, l'enfant promène la vache le long des chemins herbus, là où la pâture n'appartient à personne, et le soir, la famille entière a du beurre dans sa soupe et du lait pour mouiller ses pommes de terre.

Nous vivions si bien de la nôtre, mère Barberin et moi, que jusqu'à ce moment, je n'avais presque jamais mangé de viande. Mais ce n'était pas seulement notre nourrice qu'elle était : c'était encore notre camarade, notre amie, car il ne faut pas s'imaginer que la vache est une bête stupide ; c'est au contraire un animal plein d'intelligence et de qualités morales d'autant plus développées qu'on les aura cultivées par l'éducation. Nous caressions la nôtre, nous lui parlions, elle nous comprenait ; et de son côté, avec ses gros yeux ronds pleins de douceur, elle savait très bien nous faire entendre ce qu'elle voulait ou ce qu'elle ressentait.

Enfin, nous l'aimions et elle nous aimait, c'est tout dire.

Hector MALOT.

(*Sans famille.* E. Dentu, édit.)

Récitation.

1. Le charretier brutal.

Le pesant chariot porte une énorme pierre ;
Le limonier, suant du mors à la croupière,
Tire, et le roulier fouette, et le pavé glissant

Monte, et le cheval triste a le poitrail en sang.
Il tire, traîne, geint, traîne encore et s'arrête.
Le fouet noir tourbillonne au-dessus de sa tête.
C'est lundi : l'homme hier buvait aux Porcherons (¹)
Un vin plein de fureur, de cris et de jurons.
L'animal, éperdu, ne peut plus faire un pas ;
Il sent l'ombre sur lui peser ; il ne sait pas,
Sous le bloc qui l'écrase et le fouet qui l'assomme,
Ce que lui veut la pierre, et ce que lui veut l'homme.
Et le roulier n'est plus qu'un orage de coups
Tombant sur ce forçat qui traîne des licous,
Qui souffre et ne connaît ni repos ni dimanche.
Si la corde se casse, il frappe avec le manche,
Et si le fouet se casse, il frappe avec le pied,
Et le cheval tremblant, hagard, estropié,
Baisse son cou lugubre et sa tête égarée ;
On entend sous les coups de la botte ferrée
Sonner le ventre nu du pauvre être muet ;
Il râle ; tout à l'heure encore il remuait,
Mais il ne bouge plus et sa force est finie
Et les coups furieux pleuvent ; son agonie
Tente un dernier effort ; son pied fait un écart.
Il tombe et le voilà brisé sous le brancard.

Victor Hugo.

(*Les Contemplations.*)

2. Résumé des devoirs envers les animaux.

Vous ferez alliance avec les brutes mêmes,
Car Dieu qui les créa veut que l'homme les aime :
D'intelligence et d'âme, à différents degrés,
Elles ont eu leur part, vous le reconnaîtrez ;
Vous lirez dans leurs yeux, douteuse comme un rêve,
L'ombre de la raison qui commence et se lève.

. . . .

Vous la respecterez, car l'ange la respecte.

(¹) Nom d'un ancien cabaret de Paris.

La chaîne à mille anneaux va de l'homme à l'insecte.
Que ce soit le premier, le dernier, le milieu,
N'en insultez aucun, car tous tiennent à Dieu!

LAMARTINE.

(La chute d'un Ange.)

Chants. — *Aimons les bêtes* (voir page 234).

Le nid de fauvettes (voir page 236).

Sujets de rédaction. — 1. Quels sont les animaux qui ont le plus droit à nos soins et à nos égards? Donnez les raisons pour lesquelles nous devons les protéger.

2. Un de vos amis, qui passe au printemps ses loisirs à dénicher les oiseaux, vous a écrit pour vous demander si vous ne connaîtriez pas le moyen d'élever en cage les petits chardonnerets. Il a pris de ces petits oiseaux, et ils sont tous morts. Vous lui répondez pour chercher à le dissuader de cette entreprise et vous lui conseillez amicalement, mais un peu sévèrement quand même, de ne plus dénicher les oiseaux.

Problèmes moraux. — En mettant de côté la question de justice, qui nous défend de faire souffrir les animaux, ne croyez-vous point que la raison d'intérêt doive aussi nous y engager? On vous demande de justifier cette opinion.

Faire souffrir un animal est toujours une faute. Pensez-vous que lorsqu'il s'agit d'un animal domestique, la faute soit plus grave encore? Et pourquoi?

Un charretier fort en colère rouait de coups son cheval qui venait de s'abattre. Quelques passants arrivent, morigènent vivement le méchant homme, le menacent de lui faire dresser une contravention et, finalement, l'aident à dégager le pauvre cheval. L'intervention des passants vous paraît-elle justifiée? Le charretier prétendait être en droit de traiter ainsi son cheval : citez les principales raisons qu'on lui donne pour lui montrer tout l'odieux de sa conduite.

Questionnaire. — Pourquoi, en règle générale, ne faut-il pas maltraiter les animaux? — Quels sont les animaux que nous pouvons détruire? — Que pensez-vous des enfants qui torturent les mouches, les hannetons, etc.? — Qu'est-ce qu'une course de taureaux, un combat de coqs? — La loi Grammont est-elle juste?

AIMONS LES BÊTES ([1])

Paroles de MARC LEGRAND.   Musique de DE LA TOMBELLE.

([1]) M. LEGRAND, *L'Ame enfantine.* A. Colin, édit.

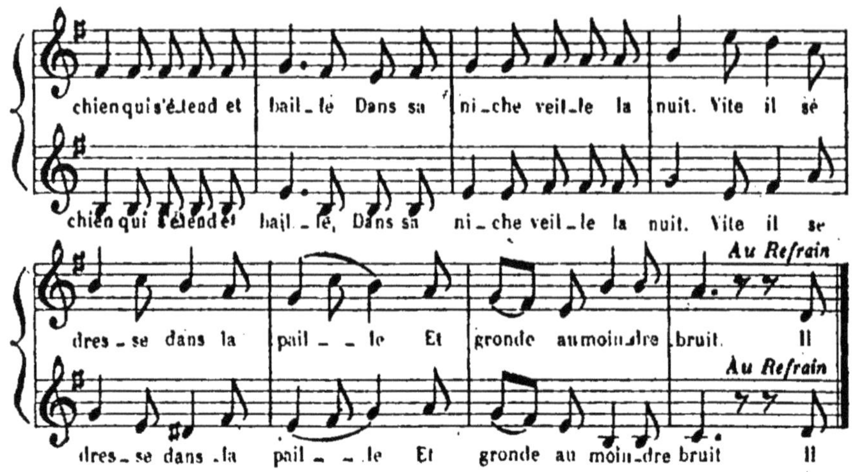

Refrain.
Il faut aimer les bêtes
Vivant autour de nous.
Le mal que vous leur faites,
Enfants, mauvaises têtes,
Se tourne contre vous.

1.
Chacune au monde tient sa place,
Et fait sa tâche sous le ciel,
Du suc des roses qu'elle amasse
L'abeille fait le miel.
Le vieux chien qui s'étend et baille
Dans sa niche veille la nuit,
Vite il se dresse dans la paille
Et gronde au moindre bruit.

2.
Le bœuf, d'un pas plein de noblesse
Tire la charrue au sillon,
On est cruel quand on le blesse
Du bout de l'aiguillon.
Le cheval, la bonne monture
Qui court si vite et va si loin,
Qui porte l'homme ou la voiture,
Que lui faut-il ? Du foin !

3.
L'alouette au joli langage
Fait son nid parmi les blés mûrs ;
Le rossignol dans le bocage,
L'hirondelle à nos murs.
Que jamais une main méchante
Ne touche à leurs œufs tremblotants !
Ce sont eux dont la voix nous chante
La douceur des printemps.

LE NID DE FAUVETTE

Paroles de Berquin.
(1749-1791).

Musique de Despourrins.

1.

Je le tiens ce nid de fauvette !
Ils sont deux, trois, quatre petits,
Depuis si longtemps je vous guette,
Pauvres oiseaux, vous voilà pris !

2.

Criez, sifflez, petits rebelles,
Débattez-vous, oh ! c'est en vain !
Vous n'avez pas encore d'ailes,
Comment vous sauver de ma main ?

3.

Mais quoi ! n'entends-je pas leur mère
Qui pousse des cris douloureux ?
Oui, je le vois, oui, c'est leur père
Qui vient voltiger auprès d'eux.

4.

Ah ! pourrais-je causer leur peine,
Moi qui, l'été, dans ces vallons,
Venais m'endormir sous un chêne
Au bruit de leurs douces chansons.

5.

Hélas ! si du sein de ma mère,
Un méchant venait me ravir,
Je le sens bien, dans sa misère,
Elle n'aurait plus qu'à mourir.

6.

Et je serais assez barbare
Pour vous arracher vos enfants !
Non, non, que rien ne vous sépare
Non, les voici, je vous les rends.

7.

Apprenez-leur dans le bocage
A voltiger auprès de vous,
Qu'ils écoutent votre ramage
Pour former des sons aussi doux.

8.

Et moi, dans la saison prochaine,
Je reviendrai dans ces vallons,
Dormir quelquefois sous un chêne
Au bruit de leurs jeunes chansons.

CHAPITRE VIII

LA NATURE

___

66ᵉ Leçon. — **Devoirs envers la nature.**

Précepte : *C'est un devoir pour tout homme de contempler avec respect la nature et d'éprouver pour elle les sentiments qu'elle inspire toujours à qui sait la regarder.*

MARION.

Résumé. — L'homme vit au sein de la *nature*. C'est pour lui un devoir de chercher à la *pénétrer*, à la *comprendre*, d'admirer sa belle *harmonie*, l'*ordre* parfait qui la gouverne.

Les spectacles grandioses qu'elle offre à nos regards emplissent notre âme d'enthousiasme et de joie. La beauté qui y règne apaise le cœur et le dispose à la bonté. Les hommes de génie y trouvent à la fois le repos de l'esprit et l'inspiration de leurs grandes œuvres.

A côté de ces avantages moraux, la nature est pour nous une source inépuisable de richesses matérielles. Nous devons donc respecter chacune de ses créations; il n'est pas admissible que par fantaisie, par simple amusement, on puisse mutiler les arbres, arracher les fleurs, abîmer le gazon des prairies. Agir ainsi, c'est faire preuve de *brutalité* et de sottise.

Résolutions. — 1. Je préférerai les promenades à la campagne aux distractions qu'offre la ville.

2. J'admirerai la nature et m'efforcerai d'en comprendre les beautés.

3. Je n'arracherai pas inutilement les fleurs ; je ne m'amuserai pas à casser les branches d'arbres, à les dépouiller de leurs feuilles ou de leur écorce.

Pensées. — La nature est grande dans les grandes choses, mais elle est très grande dans les plus petites.

PLINE.

Le sentiment de la nature peut, non seulement exister, mais être très intense dans les esprits les plus incultes.

DURIER.

La nature, diversement parée, donne tour à tour tant de beaux spectacles, qu'elle ne laisse jamais à l'homme le temps de se dégoûter de ce qu'il possède. .

FÉNELON.

Laissons la fleur à sa tige et le nid au buisson.

Casser la branche pour avoir les fleurs est un acte d'ingratitude, d'imprévoyance, d'égoïsme et de barbarie.

VESSIOT.

> Que la nature vous soit chère,
> Les champs sont vos meilleurs amis.

V. DE LAPRADE.

> Dites-moi, terre et cieux, dites-moi, sombre mer,
> Si vous n'éprouvez rien, qu'avez-vous donc en vous,
> Qui fait bondir le cœur et fléchir les genoux ?

A. DE MUSSET.

L'harmonie et la beauté qui règnent dans la nature peuvent toucher un cœur endurci ou égaré et lui inspirer,

avec le goût de l'ordre et du beau, l'amour du bien qui en
est inséparable.

C'est un devoir de tenir son âme ouverte à l'admiration
de la nature et de s'abstenir de ces ravages des arbres et
des fleurs qui, sans motifs légitimes, privent l'homme d'une
source de jouissances esthétiques et morales.

DUGARD.

Lecture.

La nature.

La nature est un ouvrier sans cesse actif, qui sait tout employer, qui, travaillant d'après soi-même, toujours sur le
même fonds, bien loin de l'épuiser, le rend inépuisable : le
temps, l'espace et la matière sont ses moyens, l'univers son
objet, le mouvement et la vie son but.

Les effets de cette puissance sont les phénomènes du
monde ; les ressorts qu'elle emploie sont des forces vives,
que l'espace et le temps ne peuvent que mesurer et limiter
sans jamais les détruire ; des forces qui se balancent, qui se
confondent, qui s'opposent sans pouvoir s'anéantir : les unes
pénètrent et transportent les corps, les autres les échauffent
et les animent ; l'attraction et l'impulsion sont les deux principaux instruments de l'action de cette puissance sur les corps
bruts ; la chaleur et les molécules organiques vivantes sont
les principes actifs qu'elle met en œuvre pour la formation
et le développement des êtres organisés.

Aussi avec quelle magnificence ne brille-t-elle pas sur la
terre ! Une lumière pure, s'étendant de l'orient au couchant,
dore successivement les hémisphères de ce globe ; un élément
transparent et léger l'environne ; une chaleur douce et féconde anime, fait éclore tous les germes de vie ; des eaux
vives et salutaires servent à leur entretien, à leur accroissement ; des éminences distribuées dans le milieu des terres
arrêtent les vapeurs de l'air, rendent ces sources intarissables
et toujours nouvelles ; des cavités immenses faites pour les

recevoir partagent les continents ; la mer n'est point un élément froid et stérile, c'est un nouvel empire aussi riche, aussi peuplé que la terre dont la surface émaillée de fleurs, parée d'une verdure toujours renouvelée, peuplée de mille et mille espèces d'animaux différents, est un lieu de repos, un séjour de délices, où l'homme, placé pour seconder la nature, préside à tous les êtres seul entre tous, capable de connaître et digne d'admirer.

BUFFON (Histoire naturelle.)

Récitation.

1. La nature.

La nature a pour moi le charme de l'enfance :
Elle en a la fraîcheur et la sérénité.
Ainsi que l'être jeune, elle n'est que bonté,
Ainsi que l'être faible, elle a Dieu pour défense !
Le plus méchant lui doit des retours d'innocence,
Et le plus malheureux des réveils de gaîté,
Elle apporte le calme à mon cœur irrité,
Et, même sans la voir, il suffit que j'y pense !
« Songe à l'enfant disait le poète païen :
De tes mœurs en péril respecte le gardien ;
Rougis en contemplant la chaste créature ! »
Et moi, quand l'oiseau chante au faîte du buisson,
Quand murmure la source ou jaunit la moisson,
Je dis : « Sois pur mon cœur ! respecte la nature ! »

E. MANUEL.
(Poésies du foyer et de l'école, Calmann-Lévy, édit.)

2. Contemplation.

Couché dans l'herbe sèche, au penchant des collines,
Qui de vous n'a passé de ces heures divines,
A voir les champs, les bois, l'horizon spacieux,

SENTENAC, *Morale*, É. 16

La beauté de la terre et la splendeur des cieux ;
A sentir sur son front le vent, tiède caresse ;
A respirer cet air, plein d'une saine ivresse,
Ces parfums du genêt, de la sauge, du thym,
Plus pénétrants encor le soir que le matin ;
A recueillir, muet, les vagues harmonies,
Concert accoutumé de ces heures bénies ;
L'angelus d'un hameau dans le calme des airs,
La cloche des béliers sur les sommets déserts,
Le cri du laboureur qui, là-bas dans la plaine,
Gourmande encor ses bœufs las et manquant d'haleine,
Le bruit d'une charrette aux essieux cahotés,
Les longs mugissements plusieurs fois répétés,
Le babil des oiseaux dans les branches, la note
Qu'en traversant les cieux y jette la linotte,
Ces frissons dans les bois des vents alternatifs,
Ces mille bruits confus, mystérieux, furtifs,
Qui, dans l'éther sans borne où l'esprit se balance,
Ne font, tous réunis, qu'un suprême silence ?

Joseph AUTRAN.

Chants. — *Soir d'été* (voir page 244).

Hymne à la mer (voir page 245).

Sujets de rédaction. — 1. Faites un parallèle entre un séjour à la campagne et un autre à la ville. — Le bien que vous pouvez tirer de l'un et de l'autre, les inconvénients de la vie bruyante et fiévreuse de la ville.

2. Jeudi dernier, par une belle journée, votre maître vous a conduit en promenade scolaire à la forêt voisine. Dites ce que vous avez vu, les impressions que vous avez ressenties.

3. En cueillant des cerises, un de vos camarades brise volontairement plusieurs branches du cerisier. Vous le blâmez de sa mauvaise action. Que lui dites-vous ?

Problèmes moraux. — Louise et Jeanne veulent faire un bouquet ; Louise choisit les fleurs bien éclo- ses, Jeanne les cueille à tort et à travers, prenant indistinctement des fleurs en boutons et d'autres prêtes à s'effeuiller, les coupant étourdiment trop près du calice. Aussi, la plupart de ses fleurs ont été sacrifiées quand il a fallu faire le bouquet. Comment Louise expliquera-t-elle à Jeanne qu'elle a mal agi ?

Le respect des choses de la nature est une obligation morale. Or les ingénieurs qui, pour établir nos voies de communication, ravagent et détruisent forêts, sites et paysages, ne manquent-ils pas à cette obligation ? Comment concilier le respect de la nature avec les nécessités de l'existence et le progrès ?

Questionnaire. — En dehors de la famille, de la société, par quoi l'homme est-il encore entouré ? — Pourquoi faut-il aimer et respecter la nature ? — Quels sont les avantages que nous pouvons en tirer ? — Est-il permis de détruire sans nécessité les êtres et les choses de la nature ? — Quels sont les sentiments que l'homme doit éprouver en face de la nature ?

SOIR D'ÉTÉ (¹)

Paroles de ABRENAUD.   Musique de FRANZ HURKA.

1.

Vermeil,
En sa robe pourprée,
Le soleil
Embellit la soirée.
Des bois
Où renaît le mystère
Les voix
Qui chantaient vont se taire.

3.

Beau soir,
Qui fais l'heure si douce
Pour s'asseoir
Au repos sur la mousse,
Joyeux
Du labeur qui s'achève,
Heureux,
On commence un beau rêve.

2.

Les prés
Où la source murmure
Sont parés
De plus fraîche verdure.
Au pleur
Que répand la rosée,
La fleur
Rajeunit, arrosée.

4.

Les yeux,
Dans l'espace sans voiles,
De nos cieux
Vont chercher les étoiles.
Le cœur
Qui repose en silence,
Meilleur,
Se remplit d'espérance.

(¹) DANHAUSER, *Chants pour les écoles.* Hachette, édit.

HYMNE A LA MER

Paroles de LAMARTINE.

Musique de GLUCK.

1.

Que j'aime à flotter sur ton onde
A l'heure où, du haut du rocher,
L'oranger, la vigne féconde
Versent sur ta vague profonde
Une ombre propice au nocher.

2.

Le Dieu qui décora le monde
De ton élément gracieux,
Afin qu'ici tout se réponde,
Fit les cieux pour briller sur l'onde,
L'onde pour réfléchir les cieux.

3.

Aussi libre que la pensée,
Tu brises le vaisseau des rois ;
Et dans ta colère insensée,
Fidèle au Dieu qui t'a lancée,
Tu ne t'arrêtes qu'à sa voix.

CHAPITRE IX

DIEU

67ᵉ Leçon.

Précepte : *Le règne de Dieu, je vous le dis encore, c'est le règne de la justice dans les esprits et de la charité dans les cœurs.*

Résumé. — L'enseignement de la morale, qui est universel, a souvent revêtu diverses formes qu'on a appelées *religions*. Les religions se sont accordées à reconnaître une puissance supérieure à la nôtre, supérieure même à la nature entière et on a nommé cette force : *Dieu*. Nos devoirs envers Dieu, ce sont les efforts que nous faisons vers le beau, *vers le bien*, c'est la réunion de nos devoirs individuels et sociaux.

« Le premier *culte* qui soit agréable à Dieu, c'est d'être droit, juste, bienfaisant ; de rester fidèle à sa parole ; de sacrifier sans hésitation et sans murmure son intérêt à son devoir ; de ne pas dégrader en soi, par des lâchetés et des bassesses, le noble caractère de l'humanité ; d'éviter avec scrupule toute occasion de blesser les droits d'autrui ; de chercher, au contraire, l'occasion de se sacrifier au bonheur de ses semblables ; de se faire un cœur bienveillant pour toutes les créatures de Dieu, et de laisser après soi des exemples de vertu et un souvenir sans tache. »

Jules SIMON. (*Le devoir.* Hachette, édit.)

Ce qu'il faut éviter surtout, c'est l'*intolérance religieuse* et le *fanatisme*. Chacun est aussi libre de croire ce qu'il veut en matière de culte qu'il l'est d'avoir ses opinions politiques. Un attentat à cette liberté de la conscience est d'autant plus répréhensible qu'il est souvent le prélude d'excès honteux et criminels.

Résolutions. — 1. Le but principal de toute ma vie sera d'atteindre le plus haut degré de la perfection humaine.

2. J'accomplirai tous mes devoirs individuels et sociaux pour ne manquer aucun des actes de piété que comporte leur réalisation.

3. Je serai tolérant.

Pensées. — Faisons le bien et espérons en Dieu.

La religion consiste pour chacun dans les vertus propres de son état.

> Soyons comme l'oiseau posé pour un instant
> Sur des rameaux trop frêles,
> Qui sent ployer la branche et qui chante pourtant,
> Sachant qu'il a des ailes.
>
> Victor HUGO.

> Le paradis vrai ressemble à la patrie :
> Mon père en m'embrassant m'y viendra recevoir ;
> J'y foulerai la terre, et ma maison chérie
> Réunira tous ceux qui m'ont dit : « Au revoir ! »
>
> SULLY-PRUDHOMME.

> La captivité sait, la liberté suppose,
> Creuse, saisit l'effet, le compare à la cause,

> Croit vouloir le bien-être et veut le firmament,
> Et cherchant le caillou, trouve le diamant ;
> C'est ainsi que du ciel, l'âme à pas lents s'empare.
>
> Victor Hugo.

Nous devons tous les jours appeler notre âme à rendre ses comptes.

Sénèque.

Lecture.

L'existence de Dieu.

Il est un Dieu. Les herbes de la vallée et les cèdres de la montagne le bénissent, l'insecte bourdonne ses louanges, l'éléphant le salue au lever du jour ; l'oiseau le chante dans le feuillage ; la foudre fait éclater sa puissance, et l'Océan déclare son immensité. L'homme seul a dit: il n'y point de Dieu !

Il n'a donc jamais, celui-là, dans ses infortunes, levé les yeux vers le ciel, ou, dans son bonheur, abaissé ses regards vers la terre ! La nature est-elle si loin de lui qu'il ne l'ait pu contempler, ou la croirait-il le simple résultat du hasard ? Mais quel hasard a pu contraindre une matière désordonnée et rebelle à s'arranger dans un ordre si parfait ?

Chateaubriand.

Récitation.

Acte de foi, d'amour et d'espérance.

> Salut, principe et fin de toi-même et du monde !
> Toi qui rends d'un regard l'immensité féconde,
> Ame de l'univers, Dieu, père, créateur,
> Sous tous ces noms divers je crois en toi, Seigneur ;
> Et, sans avoir besoin d'entendre ta parole,
> Je lis au front des cieux mon glorieux symbole.

L'étendue à mes yeux révèle ta grandeur,
La terre, ta bonté ; les astres, ta splendeur.
Tu t'es produit toi-même en ton brillant ouvrage ;
L'univers tout entier réfléchit ton image,
Et mon âme à son tour réfléchit l'univers.
Ma pensée, embrassant tes attributs divers,
Partout autour de toi te découvre et t'adore,
Se contemple soi-même et t'y découvre encore :
Ainsi l'astre du jour éclate dans les cieux,
Se réfléchit dans l'onde et se peint à mes yeux.

C'est peu de croire en toi, bonté, beauté suprême :
Je te cherche partout, j'aspire à toi, je t'aime !
Mon âme est un rayon de lumière et d'amour,
Qui, du foyer divin détaché pour un jour,
De désirs dévorants loin de toi consumée,
Brûle de remonter à sa source enflammée.
Je respire, je sens, je pense, j'aime en toi !
Ce monde qui te cache est transparent pour moi.
C'est toi que je découvre au fond de la nature,
C'est toi que je bénis dans toute créature.
Pour m'approcher de toi, j'ai fui dans ces déserts :
Là, quand l'aube agitant son voile dans les airs
Entr'ouvre l'horizon qu'un jour naissant colore,
Et sème sur les monts les perles de l'aurore,
Pour moi, c'est ton regard qui, du divin séjour,
S'entr'ouvre sur le monde et lui répand le jour.
Quand l'astre en son midi, suspendant sa carrière,
M'inonde de chaleur, de vie et de lumière,
Dans ses puissants rayons qui raniment mes sens,
Seigneur, c'est ta vertu, ton souffle que je sens ;
Et quand la nuit, guidant son cortège d'étoiles,
Sur le monde endormi, jette ses sombres voiles,
Seul au sein du désert et de l'obscurité,
Méditant de la nuit la douce majesté,
Enveloppé de calme, et d'ombre, et de silence,
Mon âme, de plus près, adore ta présence ;

D'un jour intérieur, je me sens éclairer
Et j'entends une voix qui me dit d'espérer.

LAMARTINE.

(La Prière. *Premières méditations poétiques.*)

Chants. — *Hymne à l'Être suprême* (voir page 252).
Dieu (voir page 254).
L'espoir en Dieu (voir page 255).

Sujets de rédaction. — 1. Rappelez les principes moraux qui résument la meilleure religion.

2. Parlez des phénomènes de la nature qui vous révèlent le mieux l'existence d'un Être Suprême, Créateur de l'univers.

Problèmes moraux. — Deux individus croient en Dieu, mais ils entendent différemment leur religion : l'un « regarde l'humanité comme une seule famille ; il sait comprendre, aimer et pratiquer le dogme de la fraternité universelle, assuré que cette humanité marche sans cesse par la liberté et par le travail à des mœurs plus douces et plus pures, à des lois plus conformes au divin idéal qui luit dans la conscience du juste... Il trouve le grand Ouvrier tout entier dans la plus humble de ses œuvres ». Le deuxième vit en égoïste, loin du monde et de tout ce qui le fait grand, se livrant strictement aux pratiques du culte et n'admettant point les réformes sociales, sous prétexte qu'elles enlèvent la foi des peuples. De ces deux manières d'entendre la religion, laquelle vous paraît la meilleure ?

Pierre ne prétend pas qu'on ait d'autres croyances que les siennes. Il refuse de rendre service à ceux qui ne pensent pas comme lui. Cette façon d'agir est-elle louable ?

Questionnaire. — Qu'est-ce qui nous révèle le mieux l'existence d'un Être suprême ? — Que nous prescrit la religion basée sur l'amour de l'humanité ? — Suffit-il de prier et de méditer pour remplir ses devoirs envers Dieu ? — Que faut-il faire encore ? Devons-nous avoir des haines pour les partisans des différents cultes ? — Quelle déférence avons-nous à garder envers ces partisans ?

HYMNE A L'ÊTRE SUPRÈME

Poésie de J. Chénier.
(1764-1811)

Musique de Gossec.
(1733-1829)

Père de l'univers, suprême intelligence,
O toi le bienfaiteur des aveugles mortels,
Tu révélas ton être à la reconnaissance
    Qui seule éleva tes autels !

Ton temple est sur les monts, dans les airs, sur les onde ;
Tu n'as point de passé, tu n'as point d'avenir,
Et, sans les occuper, tu remplis tous les mondes
    Qui ne peuvent te contenir !

O toi qui, du néant, ainsi qu'une étincelle,
Fis jaillir dans les airs l'astre éclatant du jour,
Verse en nos cœurs émus ta sagesse immortelle,
    Embrase-nous de ton amour !

Dissipe nos erreurs, rends-nous bons, rends-nous justes !
O Dieu, règne au delà du tout illimité ;
Enchaîne la nature à tes décrets augustes,
    Laisse à l'homme la liberté !

DIEU

Paroles de J.-B. ROUSSEAU.   Musique de HAYDN.
(1732-1809.)

Oh ! que tes œuvres sont belles !
Grand Dieu ! quels sont tes bienfaits !
Que ceux qui te sont fidèles,
Sous ton joug trouvent d'attraits !
Ta crainte inspire la joie,
Elle assure notre voie,
Elle nous rend triomphants,
Elle éclaire la jeunesse
Et fait briller la sagesse
Dans les plus faibles enfants.

L'ESPOIR EN DIEU

Paroles de A. de MUSSET.   Air d'un hymne du XVIᵉ siècle.

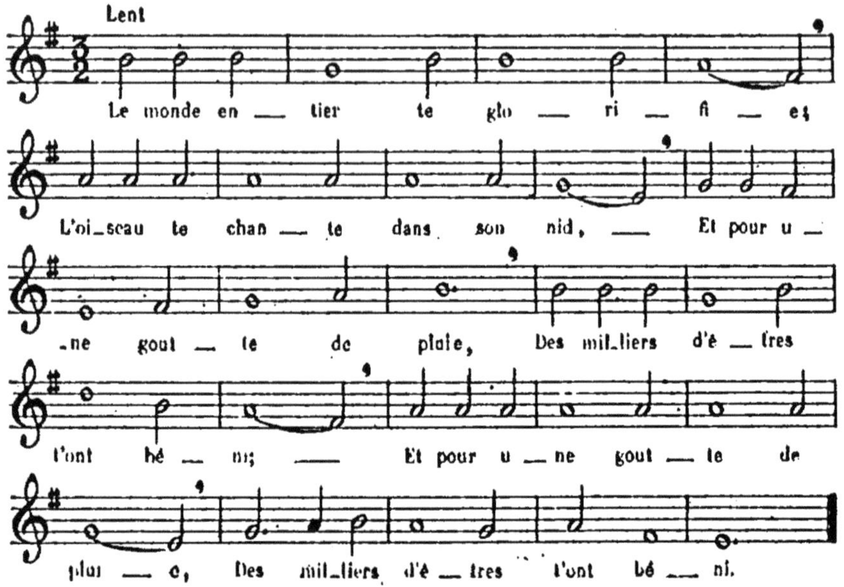

1.

Le monde entier te glorifie,
L'oiseau te chante dans son nid,
Et, pour une goutte de pluie,
Des milliers d'êtres t'ont béni.

2.

Le dernier des fils de la terre
Te rend grâce du fond du cœur
Dès qu'il se mêle à sa misère
Une apparence de bonheur.

3.

Tu n'as rien fait qu'on ne l'admire,
Rien de toi n'est perdu pour nous;
Tout prie et tu ne peux sourire
Que nous ne tombions à genoux !

CONCLUSION

Nous inscrivons ici, comme conclusion de ce livre de morale, la devise républicaine :

Liberté, Égalité, Fraternité.

Liberté..., pour prendre pleinement conscience de soi-même et de sa responsabilité; pour avoir le mérite de surmonter les tentations mauvaises, de chasser les vices malfaisants et les passions tyranniques, de se donner sans contrainte aux grandes idées, de se lier librement au devoir, de régler sa pensée et ses actes d'après ce qu'on croit être la vérité et le bien;

Égalité..., pour que le droit d'être soi, de se gouverner, d'exprimer sa pensée sans entraves, que nous assure la liberté, ne soit pas le privilège de quelques-uns; pour que l'exercice raisonné de notre liberté enseigne en même temps le respect de la liberté des autres; pour que, par la soumission à la justice et au droit, se réalise l'idéal humain;

Fraternité..., pour qu'il y ait, du plus grand au plus modeste, du vieillard au jeune enfant de nos écoles, tra-

vail incessant de tous vers plus de justice, plus de solidarité, plus d'amour...

A. et M. S.

.·.

Devant le ciel bleu, Liberté ;
Égalité devant la mort ; Fraternité
Devant le Père. Aimons. Force aide la faiblesse.
Éclairez qui vous nuit ; guérissez qui vous blesse.
Paix et pardon. Soyez cléments aux criminels,
Le droit des bons, c'est d'être aux méchants fraternels.
Le juste qui n'a pas d'amour sort du précepte,
Et le soleil n'est plus le soleil, s'il excepte
Les tigres et les loups de son rayonnement.

. . . .

Peuple, aimez, on devient lumineux en aimant.
Ce serait être injuste envers le firmament
Que de répondre aux feux d'en haut par nos ténèbres.
Que l'azur étant pur, les âmes soient funèbres,
C'est mal ; et l'Éternel a fait les vérités,
Les devoirs, les vertus, afin que leurs clartés
Illuminent le sombre intérieur des hommes,
Et pour que, dans le monde insondable où nous sommes,
Et devant l'infini plein d'invisibles yeux,
Les cœurs ne soient pas moins étoilés que les cieux.

Victor Hugo. (Le Pape.)

Le régime républicain.

Un homme ne peut incarner la République, non ! Il peut
la représenter comme fonctionnaire, il doit la défendre
comme citoyen ; mais ce n'est que par les efforts de tous les
bons citoyens que ce gouvernement peut vivre et prospérer.
Et c'est précisément dans ce caractère collectif, unanime,

général, du gouvernement républicain que se trouvent son excellence et sa supériorité.

Les autres gouvernements, en effet, ne peuvent vivre que, ou par la domination d'un maître, trompeur ou despote, qui s'impose par la force, ou par une sorte de privilège constitué dans une famille, qui hérite d'un peuple comme d'une terre, et qui le transmet à ses héritiers avec autant de sans façon.

C'est là ce qui fait que le régime républicain offre des garanties sérieuses même contre l'incapacité, contre les hasards de la naissance, contre les infirmités, contre les passions, contre les vices d'un seul homme. Aussi faut-il bien se garder parmi nous de jamais faire du régime républicain l'apanage d'un seul homme ; il faut en faire au contraire un régime qui change de mains, qui est mobile, et qui va, par l'élection, par le choix, tous les jours plus assuré, plus juste et plus moral, au plus digne. Quand celui-ci a fait son temps, on le remplace, la nation étant appelée à se donner ainsi pour premier magistrat — et non pour maître — le plus intelligent et le plus expérimenté, le plus digne.

C'est pourquoi la République est, par excellence, le régime de la dignité humaine, le régime du respect de la volonté nationale. C'est le régime qui peut, seul, supporter la liberté de tous ; qui, seul, peut faire les affaires d'un peuple qui a besoin de communiquer avec lui-même, de se réunir, de s'associer, d'exiger des comptes, de critiquer, d'examiner, en un mot, de diriger ses propres intérêts et de changer ses intendants quand ils ont mal agi.

Voilà le régime républicain.

GAMBETTA. (*Discours. G. Charpentier, édit.*)

La Déclaration des Droits de l'homme et du citoyen.

Dans sa séance du 28 mars 1901, la Chambre des députés, par 542 voix contre une, a voté l'affichage, dans toutes les écoles de France, de la Déclaration des Droits de l'homme et du citoyen.

Nous la reproduisons ci-après. Mais nous donnons auparavant l'appréciation de deux de nos contemporains sur cette charte immortelle qu'on a appelée « la chose la plus sublime qui soit sortie d'une assemblée politique. »

1. — Avant de rédiger les articles de la Constitution de 1791, l'Assemblée Constituante publia, le 26 août 1789, la *Déclaration des Droits de l'homme et du citoyen*. Elle y affirmait solennellement les principes généraux qui sont les fondements de la société moderne, et qui peuvent se résumer ainsi : « Souveraineté nationale ; autorité absolue de la loi, expression de la volonté générale ; liberté (liberté individuelle, liberté de conscience, liberté de la presse, liberté du travail) ; égalité de tous devant la loi, devant l'impôt, devant le service militaire ; admissibilité de tous aux fonctions publiques. » La proclamation de ces principes marque la fin de l'ancien régime, la naissance d'une France nouvelle et d'une humanité meilleure.

Ces grandes idées, nées du généreux mouvement philosophique du XVIII⁰ siècle, ont pénétré l'œuvre entière de la Révolution ; elles lui ont donné un caractère universel et impérissable. Ce ne sont pas les seuls Français qui en ont recueilli les bienfaits ; elles ont franchi nos frontières, et se sont propagées chez tous les peuples civilisés pour y transformer la législation et les mœurs.

Nous voyons cependant aujourd'hui beaucoup de nos concitoyens faire bon marché de ce qui restera l'éternel honneur de la France révolutionnaire, et méconnaître le plus beau titre de gloire de notre pays. Il se trouve des esprits transcendants qui raillent la « superstition des immortels principes », bien qu'ils abusent tous les jours des libertés que la Révolution leur a léguées. Ces délicats n'ont pas assez de traits ironiques à l'adresse des naïfs qui ne constatent pas, comme eux, la « banqueroute » irrémédiable de la Révolution française, bien que cette prétendue banqueroute les laisse possesseurs de biens inestimables, dont la privation leur ferait pousser les hauts cris. Nous avouons que nous nous sentons incapables, pour notre part, de nous hausser à tant d'élégance ; nous professons au contraire une admiration digne de tous leurs dédains, une humble vénération pour l'idéal qui enthousiasma nos pères, et nous pensons que c'est faire acte de piété filiale que de respecter l'héritage qu'ils nous ont laissé. Cet héritage, il appartient aux éducateurs républicains de la jeunesse française de ne pas le laisser périr ; il leur appartient de se séparer, par toutes les manifestations d'une foi énergique, de ceux qui voudraient faire de la « religion des droits de l'homme » un objet de risée, dans le seul dessein de restaurer les vieilles idoles d'un passé mort à jamais.

Les lois scolaires qui sont l'honneur de la troisième République, ont confié à l'instituteur la plus utile et la plus haute mission en le chargeant de donner aux enfants du peuple « l'instruction civique ». C'est que cet enseignement n'a pas seulement pour objet de faire connaître aux enfants de nos écoles l'organisation politique et administrative de notre pays : ce n'est là qu'un moyen, ce n'est pas la fin poursuivie. Par l'instruction civique, l'instituteur doit avant tout former les futurs citoyens d'une grande nation libre, il doit donner à ses élèves la conscience de plus en plus claire de leurs droits et de leurs devoirs pour le jour prochain où ils seront hommes.

E. Fraizier, Inspecteur d'Académie (1).

---

(1) Extrait du *Bulletin scolaire départemental de la Haute-Loire.*

2. — « A propos de nos droits civiques, écrit l'un de nos maîtres les plus aimés, je dirai ce que je pense de la banale maxime : « Ce sont les devoirs qu'il faut enseigner ; les droits on les connaît toujours assez. » Je soutiens au contraire que les droits sont mal connus et qu'il faut commencer par les faire connaître, car de la connaissance et de la pratique des droits naît et procède la connaissance et la pratique des devoirs. Le Français qui saurait bien qu'il est pleinement libre et l'égal de tous les autres Français devant la loi, que son vote a la même valeur que n'importe quel vote, et qu'il possède une part de la souveraineté, comprendrait que ces droits et honneurs ne peuvent être gratuits, et qu'il faut les mériter en s'acquittant de ses devoirs envers l'État.

Comment voulez-vous qu'un homme qui se croit un pauvre homme sur terre, un opprimé, et qui a encore dans les veines le poison du servage, comprenne et accepte les devoirs onéreux, comme le devoir de payer l'impôt pécuniaire et l'impôt du sang ? Il essaiera de s'y soustraire tant qu'il pourra. Comment voulez-vous qu'il comprenne et qu'il aime le devoir de participer à la vie publique ? Il y participera aussi peu que possible. Ce qu'il demandera surtout à son député, ce sera d'être son protecteur, au besoin, contre la loi et de s'intéresser à ses petites affaires. »

E. LAVISSE.

DÉCLARATION DES DROITS DE L'HOMME ET DU CITOYEN

Discutés par l'Assemblée nationale dans ses séances
des 20, 21, 23 et 24 août 1879 et définitivement adoptés le 2 octobre 1789.

« Les représentants du peuple français, constitués en Assemblée nationale,

« Considérant que l'ignorance, l'oubli ou le mépris des droits de l'homme sont les seules causes des malheurs publics et de la corruption des gouvernements,

« Ont résolu d'exposer dans une déclaration solennelle les droits naturels, inaliénables et sacrés de l'homme ;

« Afin que cette déclaration, constamment présente à tous les membres du corps social, leur rappelle sans cesse leurs droits et leurs devoirs ;

« Afin que les actes du pouvoir législatif et ceux du pouvoir exécutif, pouvant être à chaque instant comparés avec le but de toute institution politique, en soient plus respectés ;

« Afin que les réclamations des citoyens, fondées désormais sur des principes simples et incontestables, tournent toujours au maintien de la Constitution et au bonheur de tous ;

« En conséquence, l'Assemblée nationale reconnaît et déclare, en présence et sous les auspices de l'Être suprême, les droits suivants de l'homme et du citoyen :

« ARTICLE PREMIER. — Les hommes naissent et demeurent libres et égaux en droits ; les distinctions sociales ne peuvent être fondées que sur l'utilité commune.

« ART. 2. — Le but de toute association politique est la conservation des droits naturels et imprescriptibles de l'homme ; ces droits sont la liberté, la propriété, la sûreté et la résistance à l'oppression.

« ART. 3. — Le principe de toute souveraineté réside essentiellement dans la nation ; nul corps, nul individu ne peut exercer d'autorité qui n'en émane expressément.

« ART. 4. — La liberté consiste à pouvoir faire tout ce qui ne nuit pas à autrui ; ainsi, l'exercice des droits naturels de chaque homme n'a de bornes que celles qui assurent aux autres membres de la société la jouissance de ces mêmes droits ; ces bornes ne peuvent être déterminées que par la loi.

« ART. 5. — La loi n'a le droit de défendre que les actions nuisibles à la société. Tout ce qui n'est pas défendu par la loi ne peut être empêché, et nul ne peut être contraint à faire ce qu'elle n'ordonne pas.

« ART. 6. — La loi est l'expression de la volonté générale. Tous les citoyens ont le droit de concourir personnellement, ou par leurs représentants, à sa formation ; elle doit être la même pour tous, soit qu'elle protège, soit qu'elle punisse. Tous les citoyens, étant égaux à ses yeux, sont également admissibles à toutes dignités, places et emplois publics, selon leur capacité, et sans autre distinction que celle de leurs vertus et de leurs talents.

« ART. 7. — Nul homme ne peut être accusé, arrêté ni détenu que dans les cas déterminés par la loi, et selon les formes qu'elle a prescrites. Ceux qui sollicitent, expédient, exécutent ou font exécuter des ordres arbitraires doivent être punis; mais tout citoyen, appelé ou saisi en vertu de la loi, doit obéir à l'instant; il se rend coupable par la résistance.

« ART. 8. — La loi ne doit établir que des peines strictement et évidemment nécessaires, et nul ne peut être puni qu'en vertu d'une loi établie et promulguée antérieurement au délit, et légalement appliquée.

« ART. 9. — Tout homme étant présumé innocent jusqu'à ce qu'il ait été déclaré coupable, s'il est jugé indispensable de l'arrêter, toute rigueur qui ne serait pas nécessaire pour s'assurer de sa personne doit être sévèrement réprimée par la loi.

« ART. 10. — Nul ne doit être inquiété pour ses opinions, même religieuses, pourvu que leur manifestation ne trouble pas l'ordre public établi par la loi.

« ART. 11. — La libre communication des pensées et des opinions est un des droits les plus précieux de l'homme. Tout citoyen peut donc parler, écrire, imprimer librement, sauf à répondre de l'abus de cette liberté, dans ces cas déterminés par la loi.

« ART. 12.— La garantie des droits de l'homme et du citoyen nécessite une force publique. Cette force est donc instituée pour l'avantage de tous, et non pour l'utilité particulière de ceux auxquels elle est confiée.

« ART. 13. — Pour l'entretien de la force publique, et pour les dépenses de l'administration, une contribution commune est indispensable; elle doit être également répartie entre tous les citoyens, en raison de leurs facultés.

« ART. 14. — Tous les citoyens ont le droit de constater par eux-mêmes, ou par leurs représentants, la nécessité de

la contribution publique, de la consentir librement, d'en
suivre l'emploi et d'en déterminer la quotité, l'assiette, le
recouvrement et la durée.

« Art. 15. — La société a le droit de demander compte à
tout agent public de son administration.

« Art. 16. — Toute société dans laquelle la garantie des
droits n'est pas assurée, ni la séparation des pouvoirs déter-
minée, n'a point de constitution.

« Art. 17. — La propriété étant un droit inviolable et sacré,
nul ne peut en être privé, si ce n'est lorsque la nécessité
publique, légalement constatée, l'exige évidemment, et sous
la condition d'une juste et préalable indemnité.

LA DEVISE DE LA FRANCE (¹)

Paroles de ARRENAUD.   Musique de REICHARDT.

1.

Si l'homme eut, sur la terre,
Le mal de tout côté,
Un germe salutaire
Naît dans la *Liberté*.

2.

Sujet de l'ignorance,
Le faible est rebuté ;
L'accès de la science
Est dans l'*Égalité*.

3.

Fléau loué naguère
Fauteur de cruauté
Le terme de la guerre
Est la *Fraternité*.

4.

Ces vœux pleins d'espérance,
Ces mots, qu'il faut bénir,
Sont ceux en qui la France
A mis son avenir.

5.

Enfants, le sort prospère
Nous fait des jours heureux.
Sur nous se fonde une ère
De siècles généreux.

6.

Semeurs de lois fécondes,
Sachons, par nos travaux,
Répandre sur les mondes
Le fruit des temps nouveaux.

(¹) DANHAUSER, *Chants pour les écoles*. Hachette, édit.

TABLE DES MATIÈRES

Bar-le-Duc. — Imprimerie Comte-Jacquet, Facdouel dir.

www.ingramcontent.com/pod-product-compliance
Ingram Content Group UK Ltd.
Pitfield, Milton Keynes, MK11 3LW, UK
UKHW021051150726
13693UKWH00007B/286